L'Homme est mort,
le Genre est né

Dépôt légal: 2014
Bibliothèque et Archives nationales du Québec
Bibliothèque et Archives Canada
©Editions de l'Erablière
5-2130 Rue Galt Crescent, Montréal
Québec, Canada (H4E1H6)
7-450 51ᵉ Rue Ouest Charlesbourg
Québec, Québec, Canada (G1H5C5)
ISBN 9782981300492

Photo couverture : Le Satyre au repos de Praxitèle, copie
romaine conservée au musée du Capitole à Rome
(http://upload.wikimedia.org/wikipedia/commons/thumb/9/90/Le
aning_satyr_Musei_Capitolini_MC739.jpg/180px-
Leaning_satyr_Musei_Capitolini_MC739.jpg)

Parole L.P. Mbengama

L'Homme est mort, le Genre est né

Suivi de

Sacré monde pourri

Nouvelles

Editions de l'Erablière

L'Homme est mort, le Genre est né

1. LA RENCONTRE

L'an 2010 à Kinshasa, c'est un vendredi de fin du mois d'août. Le soleil s'évertue à baisser le gros bras d'une pluie déterminée à ne pas perdre cette épreuve de force où se joue la météo ; sous le patronage d'un vent froid qui balaye la ville, déploie de gros nuages noirs dans tout le ciel, sans arriver à contenir les plus têtus des rayons de l'astre incandescent qui filtrent quoique bandés à l'instar d'une main bouchant une torche. C'est dans ce spectacle d'ombres et lumières jouant au yo-yo qu'un homme au teint sombre, haut d'un mètre quatre-vingt pour un peu moins de soixante-cinq kilos, avec une voix d'adolescent et aux mœurs solitaires à rappeler les commentaires d'un ami qui, au cours d'une émission radiophonique, l'avait décrit en quelqu'un qui préfère dialoguer avec un livre plutôt qu'avec un autre humain, s'assied paisiblement sur les racines émergées d'un manguier penché sur le versant d'une petite falaise, à la périphérie de son Kingabwa natal.

Sous ses pieds, la rivière N'djili lui fait miroiter sa langueur d'eau brune, de plus en plus sale et dépeuplée de ses poissons, non sans cavaler à pas lents, emportant dans ses vagues ondoyantes des paquets de plantes aquatiques, bouteilles en plastique et détritus de toutes odeurs, qu'ingurgite le deuxième fleuve du monde au gosier déployé comme une vacuole débordée d'appétit à quelques encablures de là.

Il pensait y effectuer ses lectures dans l'isolement le plus complet, d'autant plus que devant ses yeux, au-delà du gigantesque marécage flanqué du côté de Masina, seul l'aéroport de N'djili s'évertuait à lui afficher son panorama d'avions réduits en minuscules bâtons blancs couchés au pied d'une tour de contrôle aussi vieille que la ruine, et ce malgré la teneur d'une brume dressée comme le mur d'une équipe de football à lui barrer la vue. Derrière son dos, les derniers plants de riz jaunis mettent en berne leurs bouquets de paddy que guillotinent des agriculteurs armés de faucilles aux dents tranchantes. D'autres personnes suivent tranquillement le sentier serpentant sur une digue d'argile, certains portant des houes, d'autres des pagaies, et un troisième groupe – essentiellement des femmes – supportent, le cou rentré dans la cage thoracique, le poids des bassins remplis de quelques rares poissons qu'on tire encore de ces eaux tannées par la pollution et raclées par des filets jetés sans cesse, des légumes ou d'autres denrées qui se vendent au Marché Lola.

Rien ne semble troubler sa lecture, puisque les gens ne s'occupent que de leur petite vie remplie de soucis d'argent et passent leur route sans même remarquer sa présence. Malheureusement c'était sans compter avec un gigantesque homme au gabarit de deux qui visiblement n'y vadrouille que le temps de fumer ses cigarettes. Le moins qu'on puisse dire de celui-ci, ce qu'il n'est qu'un drôle de type, avec un sens de l'humour tout à fait original. Même là où l'on tient un langage des plus classiques, il maintient sa curieuse rhétorique. Ainsi, quand il dit d'un homme qu'il est au paradis et sans plomb dans l'aile, il fait entendre qu'il est célibataire sans enfants. Pour les mariés, il dit sans ambages qu'ils sont dans la merde, en enfer, en guerre, dans la mélasse jusqu'au coup, etc. Exempli gratia, lorsqu'il avait annoncé la naissance de sa fille aînée, il avait bizarrement dit à ses proches : « Achetez des tas d'aspirines parce que dorénavant, j'aurai des maux de tête. Ma plus charmante ennemie vient d'accoucher d'un casse-tête ». Deux ans plus tard, en annonçant la naissance de son fils, il disait qu'un gangster lui était né. A ce jour il confie à qui veut l'entendre qu'il a des embrouilles avec trois voyous : deux putes et un farceur. C'est juste pour dire qu'il a une femme, deux filles et un fils. Bien qu'on dise qu'il adore sa petite famille, il n'en parle que de cette façon qu'on se demande où s'arrêtent ses plaisanteries et commence sa sincérité.

Bon, voilà le portrait de celui à qui nous avons affaire. Passons maintenant à ce qu'il fait aux abords de cette rizière à l'heure où on est censé être au travail.

Dès qu'il avait aperçu le monsieur sous le manguier au bord de la rivière, une occupation s'était greffée dans son emploi du temps apparemment non chargé. Le lecteur garde encore le dos tourné au monde lorsqu'une cheminée décrète la fin de sa solitude tant rêvée. « Euh, dis-moi un peu. Te clopes-tu, toi aussi ? » Demande le nouveau venu qui, sans même présenter une main, époussette une racine courbée en chaise puis s'y assoit.
— Oui, mais jamais en public. Répond l'autre en le toisant a *capite ad calcem*. Je me retire toujours pour le faire.
— Oh, c'est cool ! J'vois qu'on est de la même compagnie, mon pote ! Renchérit plutôt le gaillard peu enclin à lire entre les lignes que sa présence n'est pas du tout appréciée.
— De la même compagnie ? Deux fois non ! S'oppose le teint noir comme s'il se libérait d'une étreinte. D'abord, je n'aime pas me circonscrire dans aucun groupe. Ordre des fumeurs, club des patati, confrérie des patata… Ce n'est pas ma tasse de thé. Tout ça ne sert qu'à différencier les gens, à les exclure et engendrer la haine. Je suis plutôt l'homme de tout le monde, profitant de nos différences pour s'enrichir au

lieu de s'entredéchirer. D'autre part, pour être franc avec vous, j'ai trop peur que vous m'étrangliez. Vous êtes trop coriace comme ça, et votre présence m'importune. Bien que beaucoup auront peur de vous l'avouer, tout le monde pensera la même chose, parce que vous avez l'air d'un…

— Bandit, hein ? questionne le caïd en complétant sa phrase.

— Hum, c'est un peu ça, s'accorde le lecteur dubitatif. Il me semble que vous ne soyez qu'une paire de serres planant au-dessus des proies à déchiqueter, un de ces gens allergiques à la bonté. Vous voyez ?

— Ça alors, boude avec vigueur le corpulent voisin ! Pour qui me prends-tu ? Crois-tu que j'passe mon temps à terroriser les gens ? T'as débité quelque chose d'intéressant et j'étais d'accord avec ça. T'as horreur des clichés, mais tu te permets d'indexer les autres à cause de leur apparence ! C'est vrai que j'ai l'allure d'un voyou et je ne le contredis pas, mais faut pas toujours se fier aux faits d'optique. J'suis juste un chef mécano en pause-repas. Quel look voudrais-tu que j'aie ? De grâce, camarade, ne me range surtout pas parmi ceux qui n'ont de business que faire des *clés-boa* aux passants pour les dévaliser. Moi, j'utilise mes mains, certes, pour réparer les moteurs et régler leurs comptes aux salauds qui pourrissent la vie des autres ; mais au grand jamais pour emmerder les paisibles et honnêtes gens. Surtout pas un mec en train de lire un bouquin.

— Ah bon ! Ça me réjouit que vous soyez un gaillard pacifique, mon vieux, lâche alors le garçon mince en signe d'amendement.

— Qui est ton vieux ?, se rétracte le colosse de façon à apeurer son interlocuteur. Je n'aime pas ça, non plus ! C'est vrai, j'suis déjà dans les quarante-huit et que tu sois dans les vingt-trois ou quelque chose comme ça…

— Trente-neuf, rectifie le grand garçon mince, l'air assez contrarié.

— Trente-neuf ? Déjà ? Oh, que ça ne se voit pas !... Bof ! Que t'aies quatre ans ou quarante-sept, j'n'appelle personne *petit*. On est tous frangin, et j'apprécie qu'on me tutoie car entre potes, c'est le *toi* qui règne. J'évite donc toute attitude condescendante envers les autres. Bon, à propos de la clope, enchaîne-t-il en en agitant le petit bâton blanc planté entre l'index et le majeur, je me rassure que les gens alentour n'en prennent pas pour l'éteindre. Mais comme t'es clopeur, toi aussi, je fumerai en ta présence…

Aussitôt dit, il répand une énorme fumée de cigarette à rivaliser avec le plus gros paquet de ces nuages menaçant de pulvériser une ville trop effrayée par ses ravages pendant qu'un vieillard trainant deux arrosoirs rongés en mains essaie de descendre l'escarpement en contrebas. Les deux hommes s'écartent pour le laisser passer, et le vétéran puise de l'eau trouble puis remonte sans peine le talus. Le trentenaire se limite à lui lancer un regard admiratif tandis que le costaud lui propose une aide gentiment réfutée par l'ancien qui préfère s'en sortir tout seul.

— Ah, dommage, regrette le vigoureux tout biceps tout pectoral ! J'aurai aimé porter son eau jusqu'aux platebandes. N'est-ce pas qu'on est tenu au respect des doyens, et que ses cheveux complètement blancs nous obligent à faire son travail ? Mais ce n'est pas grave. Revenons alors à nous-mêmes. Comment t'appelles-tu, mon gars ?

— Parole.

— Parole ? C'est un nom, ça ?

— Un prénom. Pour être précis.

— Waouh ! On en aura tout vu dans ce pays de merde ! Parole, c'est des propos qu'on balance avec sa gueule, non ? Porter ça comme nom, c'est drôle ; mais cela ne me surprend pas. À Kin, on est habitué à ce cirque. Y a plein de gars qui flanquent des prénoms assez loufoques à leurs gosses tels que Bénédiction, Prospérité, Abondance… On est même entré dans l'ère des acronymes : Mervedi (Merveilles de Dieu), Plamedi (Plans merveilleux de Dieu), Glodi (Gloire à Dieu), Bespo (Bébé-Espoir)… C'est amusant, n'est-ce pas ? Un prénom, c'est pour les hommes, et un nom, c'est pour les trucs…

— Mais, c'est tout à fait normal, se défend l'homme à sa gauche. Tout nom porte une explication. Voyons par exemple que Jöel signifie « Jéhovah est mon Dieu » selon l'étymologie juive, Moïse était un terme égyptien signifiant « sauvé des eaux », Godwin est commun dans les pays anglophones. Ça signifie simplement « Dieu gagne ». Les Bonaventure, Auguste, etc. ne sont pas que de simples noms.

— Ouf, on se plantera sur ce sujet ! Concède le mastodonte. C'est vrai que les noms transmettent un message de la part celui qui le donne, mais j'déplore simplement que les nègres – surtout les kinois – soient assez complexés pour penser que tout ce qui vient de l'occident est meilleur, et que les produits locaux soient poisseux. Quand t'appelles ton môme Grâce, tu frimes. Et t'aimes pas du tout l'appeler Matondo parce que c'est trop indigène. Personne ne trouve cool d'appeler son gamin Maendeleo parce que c'est en langue locale ; et on saute sur la première occasion pour l'appeler Progrès ou quelque chose comme ça. Pourtant, c'est la même chose. J'connais un enfant prénommé Love, pourtant son grand père s'appelle bien Luzolo. Tu vois, son déraciné de papa ne pouvait pas s'hasarder à lui donner ce nom de famille parce que, croit-on, africain rime avec tradition, sorcellerie, déshonneur… On a tellement honte de nos propres valeurs qu'on fait tout pour devenir des blancs à la peau noire. Voilà pourquoi beaucoup se bourrent des cosmétiques parce qu'on leur a mis dans la tête que le noir est une couleur maudite. Y a même des vrais kinois, nés et grandis à Kin, qui ne parlent que French, English, etc. Ils croient que Lingala, Kikongo, Swahili et Tshiluba sont des langues issues de la sorcellerie, et que les parler entraîne des malédictions. Bon, chacun est libre de raisonner ou de déraisonner. Moi, j'adore plutôt les diminutifs des vrais prénoms. Roger qui donne Roy, les Papy qu'on appelle Pitchen, les Jean qui deviennent des John, Johnny ou Djonico, des Serge qu'on nomme Gino, des Robert qu'on dit Bob, des Edouard qui sont des Ted, des Boris qu'on dit Boria, des William transformés en Bill, des Francis qu'on appelle Tchesco, des Alain qui sont Alino, des Lambert surnommés Lambio… C'est fantastique, non ?

— Peut-être, admet Parole en demi-teinte. J'aimerai, moi aussi, connaître votre prénom puisque vous vous moquez trop des nôtres.

— Mon prénom ? J'en avais un de classique et trop vieux pour un kinois du vingt et unième siècle. Tu vois, ces antiquités du genre Grégoire, Lambert, Boniface, Martin, Roger-Marie, Philippe, Paul… ? Des trucs qu'on ne porte plus jamais sous peine de se bagarrer dans la rue parce que les gens n'arrêteront pas de t'appeler Filipo, Polo, Malité, etc. Aujourd'hui les gens ont quasiment oublié comment je me prénomme parce que depuis près de vingt-cinq ans, on ne m'appelle plus que Mopanga-Boyokani.

— Mopanga-Boyokani ?, bondit l'autre. Et vous vous en preniez aux Elévation, Onction, Voyage, Sasitou (Satan asimbi touche) et autres ! Pourtant le vôtre remplirait plus de pages de dissertation, puisque Mopanga signifie couteau en Lingala et Boyokani, c'est l'entente. Comment quelqu'un pourrait être à la fois arme blanche et harmonie ?

— Euh… J'sais pas si tu le comprendras, mon pote. Marmonne le castard en regardant ce ciel qui, quoique barrant toujours la route à la pluie, ouvre une petite brèche d'où lui tombent les mots justes. J'fais la paix avec les bons et la guerre avec les méchants. J'pense que t'as compris…

— Hum. Acquiesce le plus jeune sans trop de ralliement.

— Très cool, sourit alors le redresseur des tords. Reprenons la dissertation sur ton nom. Ton paternel, il n'avait pas trouvé un véritable nom à te coller, mon pote ? Que voulait-il ? Que tu fasses un autre Jésus, puisqu'il est appelé pareil dans la bible ?

— Là, je n'en sais rien. Comme mon père était pasteur, c'est fort possible. Tout ce que je sais, c'est qu'on me sciait les côtes à l'école avec des allégations tonitruantes du genre : « Parole ! Ah, ça se voit, ça dit tout, parce qu'il est trop bavard… ! » On m'avait tellement accablé de ces singeries que j'avais fini par m'en embarrasser. Je répondais désormais aux surnoms comme Pidosky, Djino, Mbengx, etc. Mais c'était bien sans compter avec le conservatisme de mon père qui me remontait les bretelles en ces termes : « Tu n'es pas un joueur brésilien pour porter un surnom identitaire. L'homme étant le fils de son père et non celui de ses frères ou amis, c'est le premier qui détient le droit de nommer son enfant, et non les autres. Je t'ai donné un nom, tu l'assumes ! Sois plutôt un homme qui respecte sa parole au lieu de te réfugier dans des dénominations bidon qui n'aient aucun sens… »

— Hum, je te comprends à présent, soupire le casseur des gueules et artisan de la paix. Mais toi-même, comment voudrais-tu que je t'appelle : Pidosky, Djino, Mbengx ou Parole ?

— Appelez-moi Parole. C'est pour honorer la mémoire de mon père.

— La mémoire de ton père ? Tu veux dire qu'il est déjà...

— Mort. Complète le gars mince. A cinquante-neuf ans, si vous voulez le savoir.

— Oh, que c'est triste qu'il ait pu s'éteindre aussi jeune ! Et ta maman, est-elle en vie ?

— Oui.

— Comme toujours, lâche avec commisération le costaud !

— Comment ça, comme toujours ?

— Ah bon, tu t'étonnes ? Tu sais, mon pote, c'est curieux que la majorité de ceux qui ont trente-cinq ans et plus aient toujours des papas décédés et des mamans en vie.

— Mais c'est Dieu qui le décide. Il n'y a rien à commenter là-dessus.

— Rien à commenter ? J'pense qu'il y a des tas de trucs à philosopher. Ne trouves-tu pas drôle que les paternels crèvent toujours tôt, que les orphelins d'un parent le soient généralement de père dont la plus part se cassent avant soixante-cinq ans ?

— C'est Dieu qui décide, je vous l'ai déjà dit. Martèle le père d'Adélaïde et Bébé-Espoir qui semble prêt à y parier tout l'or du monde. Il n'y a rien à redire.

— Non, c'est la vie qui le décide. Ne le vois-tu pas ?

— Peut-être, parce que biologiquement l'organisme masculin est plus faible que celui de la femme...

— Oh, laisse Dieu et la biologie en dehors de tout ça, mec, coupe le gros avec une main balayée qui l'assommerait si elle prenait son visage. Veux-tu savoir pourquoi les mecs crèvent avant les nanas ? C'est à cause de la merde que nous impose la vie. Les papas ne se reposent jamais. Le jour, ils travaillent dur pour des pognons ; et la nuit, ils pensent à toutes les charges familiales : école, bouffe, fringues, soins de santé et j'en passe. Même en fermant les yeux, ils ne rêvent que de ça. Ça les hante et les corrode. C'est complètement nase. A y ajouter leurs femmes qui les emmerdent avec des banalités, des querelles complètement fabriquées, comment voudrais-tu qu'un cerveau aussi chargé tienne cent ans ? Même une machine, on la repose pour entretien ; mais nos paternels n'ont été que des machins usés et portés en terre sûrement bien longtemps avant l'expiration de leur bail sur le plancher des vaches.

— A vous entendre, on dirait que vous n'aimez pas les mamans. Demande le plus jeune, l'air suspicieux.

— Oh, pourquoi ? Les mères, on les aime autant que les papas. On aimerait seulement que father et mother vieillissent ensemble et trépassent de concert. Je ne leur demande que d'être un peu tendres envers nos papas. Les soucis quotidiens leur grignotent assez d'espérance de vie, et il ne faudra pas qu'elles leur volent le reste…

Des mots jaillissaient encore de ses lèvres épaisses lorsque la rivière détourna son attention. Une femme particulièrement insolente balance toute sa rhétorique acide sur le visage d'un piroguier réclamant son dû après qu'il lui ait fait traverser le cours d'eau. Mopanga-Boyokani se saisit de cette aubaine pour illustrer sa thèse. « En voilà une preuve, dit-il agacé ! Elle a complètement tord, mais elle fait la gueule. Si elle peut le faire à un mec qu'elle ne connaît pas, et son mari à la maison, lui fera-t-elle vivre le paradis ? » Il attend la réaction de son interlocuteur, mais Parole se penche sur un tas de papiers agrafés.

— Qu'est-ce que t'as là, un fascicule des maths ? Demande alors le caïd en abandonnant la femme à ses crises de nerf.

— Non. Jamais je ne pourrai m'hasarder dans ce domaine, répond le jeune l'air exécrable. Je suis trop nul pour m'y aventurier.

— Donc, t'aimes pas les maths ?

— Vous l'avez dit.

— La physique aussi, j'suppose ?

— Ne supposez même pas. C'est ma bête noire.

— Et la chimie ? La biologie ?

— Là, ça marche un peu. C'était ma spécialité à l'Institut Biochimie de N'djili. J'étais l'un des meilleurs sur ce terrain, mais ça fait près de vingt ans que je n'y touche plus rien. Mon affaire, c'est désormais les lettres et les sciences humaines.

— Donc, c'est un document de littérature que t'as sur toi ?

— Affirmatif.

— De quel livre a-t-on tiré cela ?

— Il n'a pas encore été édité.

— Pas encore été publié ? Où l'aurais-tu piqué, ce tapuscrit ? Ne sais-tu pas que tu cours de gros ennuis si son auteur t'attrapait ? Une œuvre inédite ne parcourt pas la terre sous forme de syllabus, à moins que son concepteur le permette…

— Vous avez raison, rassure le passionné des belles lettres. Je ne risque rien puisque j'en suis l'auteur et que la seule institution qui en détienne le droit de publication n'objecte pas que je puisse le faire.

— T'écris donc des bouquins ?

— Oui. Si on peut le dire.

— Combien t'en as déjà publié ?

— Pas encore à ce jour.

— C'est quoi, ton domaine ?

— Du temps que j'étais enseignant, j'organisais des activités culturelles dans lesquelles je m'exerçais dans la poésie et le théâtre. Aujourd'hui ma passion se concentre sur la prose : roman, nouvelle, essai…

— Et quand le publieras-tu ?

— Dès que je trouverai un éditeur.

— Mais tu parlais d'une institution détentrice de ses droits de publication. C'est quoi, cette histoire ? L'avez-vous coécrit ?

— Non, ils avaient plutôt organisé un concours – le Prix littéraire Mark Twain – qui récompensait chaque mois, de juin 2009 à juin 2010, une nouvelle inédite célébrant, sans l'imiter, l'esprit de l'illustre écrivain. Ils avaient en outre promis de publier tous les récits gagnants dans un recueil.

— Donc le tien a été primé parmi tant d'autres ?

— Oui. C'était en mars, pour l'édition de février 2010.

— On t'avait donc filé des pognons ?

— Exact. Cinq cents dollars.

— Waouh, cinq cents nota[1] ! Qu'est-ce que t'en as fait ?

— J'en ai fumé des clopes, pris quelques bières, mangé quelques plats, acheté quelques fringues et des livres, payé quelques dettes, fait quelques cadeaux aux gens, assumé quelques responsabilités parentales et fait deux ou trois autres choses de moindre importance.

— Donc en analysant tes non-dits, dois-je comprendre que t'en as aussi profité pour te taper quelques nanas ?

─────────────

[1] Dollars en parler kinois.

— Les femmes ? Ce n'est pas mon cheval de bataille. C'est la dernière de mes préoccupations.

— Pourtant t'as deux gosses, accule le gaillard. Ne me dis pas que tu les as eus avec un arbre.

— Je ne vous contredis pas, admet l'écrivain avec un profil trop bas pour convaincre. Mes enfants ont une maman, mais je ne suis pas du genre à courir les rues pour collectionner les femmes. Que j'aie de l'argent ou pas, j'essaie de ne pas trop m'éclater.

— Je ne te crois pas, mon gars, ironise l'air très sérieux l'aîné. Bon, après tout, là n'est pas mes oignons. C'est quoi, d'ailleurs, le titre de ton texte ?

— L'Homme est mort, le Genre est né.

— A moins que je me trompe, ça doit parler du fameux conflit entre les mecs et les gonzesses ?

— Vous avez vu juste.

— Comme ce qu'on vient de vivre tout à l'heure ? Voilà qu'on revient à nos moutons ! Puis-je jeter un œil dessus ?

— Bien sûr.

Parole lui donna son fascicule et le gaillard entama une lecture silencieuse de ce texte, retouché et quelque peu enrichi, qui avait convaincu le jury à l'entame du mois de la femme.

2. LE RÉCIT PRIMÉ

— Quel est ton plus grand souhait, chérie ? Demanda un homme avec un sourire attentif, la main dans la poche, prêt à sortir ce qu'il pensait la réjouir.

— Que tu te tires une balle dans la tête !, répondit sèchement son épouse.

— Vraiment ? Mais, pourquoi ?

— Parce que t'es, avec ton espèce, la chose que je déteste le plus au monde.

Eh bien, faites vos paris car c'est parti ! Les luttes les plus sanglantes demeurent les guerres fratricides. Si les ennemis extérieurs peuvent abandonner la partie pour détaler chez eux, ceux d'une même maison se battent jusqu'au dernier souffle, parce que nul n'a d'autre endroit où aller ni envie d'abandonner le patrimoine commun. La terre est une famille composée de deux espèces qui, malgré qu'ils s'appellent frères et sœurs, n'arrêtent de se la disputer. Et on sait que ce classico reste explosif parce que dans ce bras de fer ad vitam aeternam, aucune paix ne se négocie, même pas celle des braves. C'est de deux sexes l'un, c'est du *lui ou elle*, pas les deux ensembles, et ça se règle à la castagne !

Lorsque les protagonistes montaient enfin sur le ring, on s'attendait à un match déséquilibré, vu qu'il était costaud et tout puissant, tandis qu'elle semblait petite et fragile. On avait même parié toute sa richesse sur le lutteur à la testostérone, mettant des bras à couper qu'il ne ferait qu'une bouchée de son challenger bourré de folliculine. Pourtant à la fin du premier round, on entendait déjà ces jérémiades : « Mon Dieu, quelle journée ! Et on dit que les femmes sont défavorisées ! Pourtant elles travaillent dans tous les secteurs, et il y a même des postes féminisées ou presque : secrétaire, hôtesse, baby-sitter, sage-femme… N'est-ce pas que cela constitue leur chasse gardée ? Est-ce qu'on s'en plaint, nous ? Voilà qu'on leur fait la part belle en les privilégiant à l'embauche, des concepts comme le *genre* enfoncent encore le clou ! Ne voit-on pas que les hommes sont de plus en plus au chômage à cause de ça ? »

C'est en ces termes que Simplice Onou, vingt-sept ans, rumine sa rage dans la rue. C'est aussi un miracle s'il tient toujours débout parce qu'il venait juste d'échapper à une voiture en traversant, la tête complètement ailleurs, le boulevard à l'heure de pointe. La fatalité exécute une danse funèbre dans sa pensée et il en perd sa lucidité. C'est un véritable temps de chien qu'il vit en ce moment. Même un animal en cage aurait quelques moments de bonheur à savourer, exactement comme il en est dépourvu.

Dans la matinée, il venait de rater un emploi au profit d'une fille. Ils étaient pourtant arrivés ex-æquo à l'issu du processus de recrutement, mais *les candidatures féminines étant très encouragées*, le règlement avait tranché pour celle-là. Vers treize heures, il s'était rendu dans une ONG pour s'en plaindre et, là, Madame Lediz Raït et ses amies féministes pures et dures lui avaient expliqué le sens de leur combat : Comme les hommes ont tous les droits et excluent les femmes, ce maudit système macho doit brûler en enfer pour que toutes les dames travaillent et les messieurs s'occupent du ménage, et blablabla. Lui qui rentrait plein d'espoir dans ce bureau où il était écrit *ONG de défense des droits de l'homme*, le voilà en ressortir désillusionné, honteux, fâché et, céruse sur le gâteau, quinze femmes en avaient profité pour se foutre de sa gueule !

Un malheur ne vient jamais seul. Après en avoir pris plein la gueule, il ne souhaitait plus qu'à rentrer chez lui pour retrouver cette paix nécessaire à faire oublier les cauchemars. Mais, diantre, qui est-ce qui l'y attend ? Sa fiancée Dibel Lwana, vingt-cinq ans. C'est depuis l'adolescence qu'ils s'aiment, et ils ont tout connu : disputes, jalousies, séparations, réconciliations, joies, douleurs et j'en passe. Depuis la mort de ses parents, Simplice a vendu le gros de son héritage pour financer ses études et son goût du luxe. Ah, le pauvre ! Il n'a pas encore compris que quand on est ennuyé ailleurs, ne croyez jamais que c'est fini, car votre femme y apportera un bonus.

Mais en fait, une femme qui vous prend la tête vous ennuie-t-elle vraiment ? N'est-ce pas comme en algèbre où négatif conjugué au négatif donne positif ? Pour l'homme, les ennuis de la vie conjugués aux ennuis qu'apportent les femmes donnent-ils un soulagement ? A chacun d'y répondre. Quant à Simplice, il se contente d'une soirée arrosée dans un restaurant-bar où Dibel arraisonne tout ce que brandissent les vendeurs ambulants – robes, parfums, rouge à lèvres, vernis, ongles artificielles, parapluie, miroir, tutti frutti et tutti quanti –, discute le prix, et le garçon paie la gueule bien fermée. C'est ça son rôle : débourser et bien la fermer. Surtout n'acheter rien pour soi-même tant que madame n'aura pas encore fini ses commandes. Et bien entendu, ce n'est qu'après qu'elle ait obtenu tout ce qu'elle voulait qu'elle affichera des dispositions à causer.

— Comment s'est passée ta journée, demande-t-elle enfin d'une voix trafiquée par des mastications ?

— Très mal, répond-il dépité. Ils ont engagé leur copine.

— Comment sais-tu que c'est leur copine ?

— Ça ne peut être que ça, puisqu'on était à égalité ! Se vante-t-il avec un complexe de supériorité. Tu sais bien que durant mes études, aucune fille ne m'a surclassé.

— Pourtant au boulot, une fille t'a envoyé au tapis. Lui fait-elle remarquer.

— Avec la complicité de l'arbitre, boude le garçon. Votre *genre* est une compétition terrible dans laquelle tu reçois de face le coup de l'adversaire et de dos le poignard de l'arbitre. On ne peut que s'écrouler, dans ce cas !

— Tu ne vois le mal que chez les femmes, proteste une Dibel décidée à ne jamais faire corps avec ces arguments. Tu n'avais qu'à arriver seul en tête pour décrocher ce job, mais voilà que tu t'es montré incapable de battre une fille. Que devaient-ils faire sinon qu'appliquer le règlement ?

— Le règlement, s'écrie Simplice ab irato ! Maudite approche *genre* qui chamboule tout en l'air ! On prétend qu'on est égaux sans appliquer l'égalité de chances. Ils devaient organiser un test subsidiaire pour nous départager. Mais voilà qu'ils choisissent de favoriser leur maîtresse. C'est honteux, tout ça ! C'est scandaleux !

Il s'emporte tellement que vingt-deux heures le surprennent en train de crier ses malédictions à tout ce conglomérat. « Que ce cancre de directeur des ressources humaines attrape le choléra, son adjoint la fièvre Ebola, les députés ayant passé cette stupide loi se fassent bouffer par des sorciers, Madame Lediz Raït se fasse écraser par une voiture, ses assistantes se noient dans une petite rivière. Quant à toi Dibel, je verrai quel sort te réserver… ! » Mais Dibel n'avait qu'à lui rappeler qu'il était temps, et ils sortirent sans plus aucune histoire jusqu'au au coin de rue habituel où ils se séparent.

— Au revoir, mon chouchou ! Dit tendrement la fille avec un bisou sonnant sur la joue.

— Au revoir, ma fleur ! Fait Simplice en se retournant.

— Mais ?, l'intercepte la jolie demoiselle. Tu te tires sans achever la procédure ?

— Quelle procédure, s'étonne le garçon ?

— Ah, râle-t-elle, t'es qu'un égoïste ! T'as eu ton bisou, mais mon fric ?

— Quel fric encore, demande-t-il sarcastique ?

— Ah bon ! T'as oublié ce dont j't'avais parlé ? Vingt-cinq dollars pour les lotions, quinze pour le parfum, cinq pour la manucure, trois pour le vernis, dix-sept pour les mèches, cinq pour le coiffeur, trente pour les godasses, quarante pour les fringues... Qu'ai-je oublié ? Ah, ça y est ! Vingt dollars pour le taxi ! Ça fait... – elle calcule mentalement le doigt dessinant dans le vide – ... cent soixante dollars, et tu me le donnes illico.

— Cent soixante dollars ! Mais je t'ai déjà acheté tous ces trucs au bar, non ?

— Bien sûr que non, précise la chasseuse du lucre ! Ceux du bar ne comptent pas. D'ailleurs c'est de la pacotille que j'enverrai à ma petite cousine au village. Tu connais bien ce que je mets, n'est-ce pas ? M'as-tu déjà vu porter ces fichus fringues ? Quelle tête ferai-je devant mes copines avec ces vernis de camelote ou ces lotions fabriquées dans un garage ? J'ai besoin de ce fric, et maintenant !

— Mais je n'ai plus rien sur moi, jure le jeune homme les mains levées comme s'il faisait un serment, et je me demande où trouverai-je encore cent soixante dollars sans boulot.

— T'as vendu un terrain, n'est-ce pas ?

25

— Bien sûr, mais tu as tout pris avec tes dépenses antérieures.

— Ah non, ne fais pas le malin, contre-attaque-t-elle ! Il t'en reste encore du fric. Crois-tu que ma beauté s'élabore avec du ngola[2] et de l'huile de palme ? On est à l'ère des cosmétiques, des habits classes, des bijoux en or... Tout ça s'achète, et je veux du fric sur-le-champ.

Simplice réfléchit mais ne trouve aucune solution. « Non, Dibel ! Je ne puis rien te donner, de peur que je manque même à manger. »

— Si. Tu le feras, Simplo, et je ne rigole pas ! Tu peux devenir squelettique ou crever, ça m'est égal. Tu resteras un gars. Tu dois plutôt veiller à ce que je sois toujours belle, resplendissante, et les fleurs te seront jetées. N'est-ce pas un honneur quand on dit : « Oh, voilà la copine de Simplo, qu'elle est superbe ! » Ils t'envieront, même si tu serais horrible à voir. N'est-ce pas que la femme est une valeur ajoutée à la gloire de l'homme ?... Regarde un peu là-bas... (Simplice lève la tête et aperçoit une patrouille de police se frayant un passage parmi les noctambules de l'autre côté de la rue.) ...Tu vois, poursuit-elle en essayant de déchirer sa robe, il sera sage de me les filer en douceur sinon je me mettrai à crier : « Au secours, il veut me violer ! » Crois-tu que ces flics le prendront pour une partie de *kebo*[3] ? On

---

[2] C'est un fruit sec, rouge-orangé, réduit en poudre que les femmes traditionnelles appliquent sur la peau, soit pour se faire une beauté, soit pour exorciser les mauvais esprits ou conjurer les sorts.

[3] Un jeu populaire en Afrique centrale dans lequel les filles forment un demi-cercle, chantant et claquant les mains, accueillant à tour de rôle une partenaire qui entonne une chanson avant de se jeter dans le groupe.

t'arrêtera, les associations féminines s'en saisiront, je deviendrai ambassadrice des femmes abusées, pleine de frics et d'honneur, pendant que tu moisiras en tôle. Ecoute, mon petit cœur : tout ça ne sera qu'un gâchis que tes miettes ne sauront réparer. Un petit conseil : t'as dix secondes pour me filer ces tunes, sinon j'exécute ma menace.

Elle entame le compte à rebours pendant qu'il réfléchit. Il est vingt-deux heures trente et ils sont en retrait, dans lieu obscur. Un concours de circonstances aggravantes si les policiers s'en mêlaient. Bien que ce ne soit qu'une comédie, ces agents le prendront au sérieux, et les organisations féministes hisseront l'affaire comme un drapeau des pirates dont la tête de mort au-dessus de deux os croisés sur un fond noir sera remplacée par son faciès de jeune kinois qu'on citera parmi les plus mauvais exemples. Il sait parfaitement de quoi est capable sa fiancée, jusqu'où peut-elle aller dans ses quêtes pleines de folie ; mais il connaît aussi bien la fougue d'une dame comme Lediz Raït en matière de lutter bec et ongle au profit des femmes en détresse. Déjà l'envisager se saisir d'un tel dossier serait exécrable. Il préférerait se retrouver à l'épicentre d'un séisme de magnitude 8 sur l'échelle de Richter à dix reprises que de passer une seule minute sur le box des accusés dans un procès dont cette activiste se constituerait partie civile. Mieux vaut un mauvais arrangement qu'un bon procès, le danger lui enseigne le b.a.-ba de la prudence ; et il préfère sacrifier une partie de l'argent prévu pour remeubler sa maison qu'il avait eu l'imprudence de promener ce soir-là et de lui en parler.

— Reconnais-tu au moins que les femmes embêtent trop les hommes ? Lâche-t-il avec rancœur tout en présentant un billet de cent dollars, un de cinquante et un autre de vingt.

— Hum, crois-tu que je t'emmerde tant ? Estimes-toi plutôt chanceux car si tu voyais ce que ma tante fait à son mari, à sa place tu te suiciderais.

— Et tu penses que je vais avaler ça ? Toi, Dibel, tu es la pire de toutes les garces.

— Alors, pourquoi n'arrives-tu pas à te débarrasser de moi ?

— Euh, en fait… C'est compliqué, reconnaît le garçon. L'homme s'ennuie tout seul que pour se soulager, il s'attire un autre ennui. C'est peut-être ton côté tendresse qui m'hypnotise.

— Et cette tendresse se paie, martèle la fille comme un juge prononçant un arrêt de la cour. Ne fais pas l'idiot, mon trésor, car il me faut ce fric pour que je me fasse encore plus belle… pour toi, bien sûr !

— Tu es complètement folle, maugrée simplement le défaitiste !

— De toi, naturellement… De l'argent, c'est très sûr. Reconnaît-elle avec un gros sourire tout en piquant la monnaie. Merci pour ces miettes et à demain !

— Hé, on n'a pas encore fini ! Lâche le garçon en la retenant par le bras. Tu dois me retourner dix dollars.

— Dix dollars ? Quels dix dollars ?

— Je t'en ai donné cent septante par manque de petites coupures. Fouille dans ton sac et aboule-moi ce putain de billet avec la tête d'Hamilton.

— Mon Dieu, Simplo, je n'ai jamais vu un gars aussi chiche que toi ! Dix malheureux dollars, et tu trouves impossible de les laisser à ta chère copine ! Non, ça ne marchera pas comme ça ! Ces frics, je ne te les rends pas. Va m'accuser partout où tu voudras. En revanche ne me pousse pas à reprendre mon idée de crier au viol, car les keufs ne se sont pas assez éloignés, et ils peuvent capter mon SOS.

Il était écrit que Simplice vivrait un cauchemar ce jeudi. Jeudi choc, comme disent les kinois, puisqu'il en a été servi *ab ovo usque ad mala*. Du matin à l'heure de se coucher, il en a vu de toutes les couleurs. Dibel s'est pavanée comme une vraie féline dans ce combat sans pitié et s'est taillée la part du lion (pourquoi ne pas dire celle de la lionne ?). Simplice, en parfait looser, n'a joué que son malheureux rôle de victime, malchanceux jusqu'à la mise à mort. Dépouillé de tout pouvoir servant à faire valoir ses droits, même celui de récupérer ce qui lui revient, il s'est complètement laissé faire. Comme une braqueuse de banque, sa copine avait assez d'atouts pour le dévaliser jusqu'au dernier sou en poche, mais le regard malheureux de son fiancé l'appelle à un peu de compassion. Elle tire deux billets de cinq dollars de son portefeuille, mais un lui glisse entre les doigts pour retomber au fond de son sac. « Tu vois, t'as de la poisse, Simplo ; déclare-t-elle avec son sourire éternel. Je voulais t'en donner dix, mais ce n'est pas de ma faute si un billet refuse de me quitter. Contentes-toi de cinq dollars, ce n'est pas la fin du monde. » Le jeune homme esquisse un élan de rage, mais se contente d'un autre bisou. Et sa copine tourne ses tallons.

Dibel s'en va cette fois-ci et disparaît derrière l'obscurité dévorant une partie de la ruelle, Simplice se fâche derrière contre le genre et ses militantes. « Qui est-ce qui nous a fabriqué ça, se complaint-il à s'auto-flageller ? Mes pognons, est-ce que ces femmes qui braillent me le justifieront ? » Il est furax en franchissant la porte de sa maison. Sans blague, sa hargne lui a fait sauter tous les verrous de retenu. Il trouve Lediz ou une de ses collaboratrices en ce moment, il l'égorge en moins d'une minute ! Mais cela explique la vraie nature humaine : toujours déplacer la colère sur des tiers au lieu d'affronter son vrai bourreau. Il ne trouve que dans les femmes les raisons de ses malheurs. Même s'il échoue dans un test d'embauche, le sorcier, c'est le *genre*. Jamais son incapacité à surclasser une fille ne sera mise en cause. Même face aux femmes, Dibel s'en tire sans égratignure, mais c'est aux autres de payer la facture.

Le pauvre se couche le cœur gros. Ses rêves abondent de tous les épisodes de sa journée cauchemardesque, et des questions sans réponse s'invitent au bal. Il se mortifie en cherchant à savoir pourquoi l'homme et la femme, les deux seuls animaux intelligents sur cette planète utilisent plus leur énergie pour écraser l'autre que lui servir de marche vers la plénitude. Et la réponse ne sort que de ces bribes de déclarations collectées dans le tréfonds de ceux qui en ont pleuré et quelque peu ri. Depuis la nuit des temps, chacun connaissait sa place dans la société. La femme se plaçait derrière l'homme qui l'entretenait, la protégeait et imposait la conduite. Tout allait à merveille aussi longtemps qu'elle acquiesçait. Mais un jour vint le *genre,* et la guerre éclata. Une lutte cruelle dans laquelle l'homme ne gagne rien, sauf des ennuis.

Dès qu'ils se réveillent, l'homme lit la bible pour acquérir la foi, prie ensuite pour s'attirer les chances : argent, emploi et bonnes relations s'inscrivent sur son tableau de chasse, et il les obtient avec un paquet de sueur. La femme lit les notices des cosmétiques pour avoir des idées, applique ensuite la lotion pour se faire belle : argent, faveurs et yeux des hommes s'inscrivent sur son tableau de chasse, et elle les obtient avec un sourire. L'homme jeûne pour purifier son âme, la femme se parfume pour se purifier la peau. Tous visent des avantages matériels qui finissent entre les mains de la femme. Quand l'homme produit et la femme consomme, personne ne crie. Mais l'inverse…

Le genre, c'est une fille qui séduit un garçon. Si ça se passe bien, le garçon perd son argent. Si ça finit mal, il perd sa liberté. La fille a tout à gagner : d'abord un cœur comblé, ensuite des poches pleines. C'est juste une histoire de femme géante qui bouffe le repas de l'homme nain et muet tout en lui induisant la soupe aux lèvres, le frappe par la suite et se met, elle-même, à pleurer, l'accusant d'avoir tout mangé. Les justiciers ne voient pas la supercherie mais punissent l'infortuné sans voix.

Dans la tourmente d'un bonheur qu'il entrevoyait lui courir après comme un chien saluant la venue de son maître, et qu'il voit désormais s'échapper à reculons, Simplice fait son deuil à trois volets. D'abord il pleure un emploi soufflé à la photo-finish trafiquée, ensuite il se mortifie à cause de ses finances ayant amorcé une courbe affreusement descendante. Et pour faire un tableau complet, Dibel le laisse s'éteindre tout seul à petit feu. Une semaine de mort dans l'âme qui lui paraît la fin du monde. Mais un garçon, c'est comme un soldat. Sa vie est taillée dans les épreuves, il ne se plaint pas de sa condition, mais cherche à tirer son épingle du jeu. Le chagrin n'est qu'un alcool laissé à l'air libre. Il s'évapore avec le temps. Le pauvre parvient tout de même à oublier.

Le jour où il reprend la force de vivre, il écoute sa musique préférée dans son salon lorsqu'il entend frapper à la porte. Dibel apparaît tout souriante et s'assoit, une main lui câlinant le dos. C'est une charmante fille, belle

31

de peau, avec un sourire à forte valeur ajoutée. Il faut imaginer ce visage paré d'un tel sourire pour comprendre que Kinshasa est une machine à produire ces genres de merveille ! Mais le jeune homme s'en méfie. Il la connaît suffisamment bien pour pronostiquer avec exactitude la visée de ces genres d'entrées, les dents éclatantes avancées comme une carte de visite. Les dents que l'on montre en souriant sont les mêmes avec lesquelles on mord. Il sait que cette gentillesse ne sert qu'à des raisons protocolaires. Elle ne cherche qu'à se faire pardonner, ensuite elle lui fera l'une des scènes dont elle a la spécialité. Malheureusement tout est mal parti puisque Simplice affiche une résistance farouche. Des insultes se dressent comme une chaîne de montagnes et la noient dans sa marrée, mais la fille ne lâche rien. Elle sort la tête de l'eau et formule sa demande : « Je compte postuler dans une boîte qui recrute pour son service marketing. »

— Mais tu as un diplôme dans ce domaine, remballe son hôte de la façon la plus méprisable. Vas-y, postule. En quoi cela me regarde-t-il ?

— Effectivement, je dois constituer le dossier, mais je suis fauchée. S'il te plait, chéri, trouve-moi un petit cinquante dollars, je t'en prie.

— Cinquante dollars, tu rigoles ! Il y a sept jours, tu m'en avais extorqué cent soixante-cinq ; et tu m'en demandes encore ! Je ne peux pas. Si je te les donnais, ce sera carrément tendre la deuxième joue après une gifle.

— Pourtant il est conseillé de présenter l'autre joue après la taloche, évangélise-t-elle mine d'une personne inspirée.

— Pas n'importe comment, répond Simplice en homme averti. Quand tu reçois une claque, regarde qui t'a giflé. Si c'est ta mère, tends-la-lui et tu seras caressé. Quand c'est un gorille, fais attention, il t'arrachera sept dents. Si c'est un diable, méfies-toi parce qu'au lieu d'une autre gifle, tu en recevras huit car ces gens, quand ils partent, ils reviennent avec sept de leurs copains. Enfin si c'est une femme droguée par le *genre*, tires-toi au risque de finir hanté par des associations qui te gifleront jusqu'à ce que mort s'en suive. Dis-moi dans quel rang te trouves-tu. Je me fiche de ta réponse. Tout ce que tu as à savoir, c'est que la mienne est *non* !

— Non ? Simplo, ne fait pas ça. Je t'aime.

— Je te hais désormais, tranche-t-il sans aucune courtoisie ! Va te démerder ailleurs !

Il remet les écouteurs de son lecteur MP3 aux oreilles puis s'allonge pour bien l'oublier. Le match semble terminé à son avantage, mais Dibel possède l'art de faire jouer les prolongations, même lorsque le temps réglementaire s'achève avec la nette domination de l'adversaire au tableau d'affichage. Elle les lui arrache et l'invite à écouter sa voix douce plutôt que ces verlans d'on ne sait quel rappeur : « Simplice, mon cœur. Tu disais qu'avec le *genre*, les femmes ont plus de chances de trouver un emploi. Et c'est tout à fait vrai, parce que le monde nous appartient désormais. En voilà une opportunité à saisir puisque je suis une femme. Je réussirai là où tu t'es cassé les dents, et si je décroche ce boulot, ça profitera à toi aussi… »

« Et tu en profites pour te moquer de moi ! Qui s'est cassé les dents, moi ? », s'enflamme le monsieur qui n'attendait qu'une occasion pour tirer ses puissantes cartouches. Mais la fiancée connaît la formule pour calmer la tempête. « Oh, excuse-moi ce lapsus, mon petit ange ! Je voulais simplement dire que j'aurai peut-être une chance là où ils t'ont injustement éliminé. »

Le sourire d'une femme, surtout lorsqu'il est destiné à un homme, c'est la plus puissante des dynamites, car capable d'atomiser le cœur le plus rocailleux d'un gentleman. Simplice avait juré sur la mémoire de ses chers parents que cette emmerdeuse ne l'y prendrait plus, pourtant son sourire irrésistible a encore triomphé sur lui. L'homme a des biceps pour conquérir le monde, la femme n'a que l'aura pour le mettre à genou. Et toute sa moisson gagnée à coups de poing ou fusil change de mains en échange d'une ou deux caresses seulement. Pour ce pauvre jeune homme, la messe était dite. Elle a réussi à le convaincre avec un tallent de gagneuse de clients qui se confirmera ensuite lors du test. Dibel trouve du travail et disparaît par la suite.

Quatre mois plus tard, au bord du gouffre, Simplice trime devant l'usine qui l'emploie comme journalier. Il ferait mieux de ne se focaliser que sur des sacs bourrés de matière plastique qu'on déchargeait d'une remorque, éviter de regarder passer les véhicules, surtout de dévisager les gens à bord. Et voilà que ses propres yeux le tuent en faisant un zoom sur ce qu'il n'aurait jamais souhaité. Une voiture portant le logo de *Goods Business* ralentit devant une vieille dame trainant les pattes en traversant la chaussée. A bord, une ravissante dame sur le siège avant se plie en deux d'un rire sûrement occasionné par une galéjade lancée par l'élégant monsieur au volant. C'est un tableau romantiquement éloquent qui ne peut laisser indifférent l'ouvrier au bord de la route, parce que la femme qui se jette virtuellement dans les bras de ce prince charmant, c'est Dibel ! Le véhicule accélère mine de rien, l'amoureux déçu vide les lieux, le cœur gros. Même les sous recherchés ne l'intéressent plus.

A vingt heures, le pauvre entame une prière dans son salon : « Mon Dieu… Il y a des gens en très mauvaise passe qui te supplient de les sauver ce soir. Mais, moi, je t'implore d'insérer mon nom sur la liste de ceux qui mourront demain… Je suis fatigué… déçu… trahi… Fais-moi ce plaisir de ne plus voir ça, je t'en prie… »

« Génial ! », conclue une voix impromptue à la place d'*amen*. A son grand étonnement, son dialogue avec son Dieu n'était pas intime. Une autre paire d'oreilles violait cette indiscrétion. Et l'intruse n'a pas que des oreilles à utiliser. Elle dévoile enfin sa face en entrant dans la maison tout en entamant un discours : « C'est vachement cool, cette idée ! Tu ne trouves pas ? Prier, c'est long ; bois plutôt ça, et tu verras que ça ira plus vite. »
— Dibel, lâche le prieur la bouche bée ! Que me présentes-tu, là ?
— Du poison. Tu vois, la terre est dure, le paradis est meilleur. Tout y est merveilleux : pas de souffrance, pas de déception, pas de genre… Voilà que t'as eu une belle idée d'arrêter tes souffrances afin de goûter à cette béatitude avant les autres. Hâtes-toi parce qu'il n'y a pas un instant à perdre ! Bois juste un coup, et bonjour le bonheur !

Simplice saisit le breuvage. Il veut vraiment se suicider ? Voilà une occasion de retrouver la félicité tant chantée à l'église : une vie excisée de tourments, chômage et femmes qui rançonnent sous la bénédiction des lois partisanes ! Il soulève le verre, hésite et le jette dehors. « Je crois que le combat de la vie sur terre est préférable au calme du paradis, conclue-t-il en revenant enfin sur terre. »

Dibel claque une main amusée, avance un pas puis se pose à ses côtés sur le canapé en partie éventré. Sa douce main essaye de lui tâter le dos, mais le jeune homme la lui remballe avec vivacité.

— A quoi joues-tu, Dibel ? Ce n'est pas encore suffisant, le mal que tu m'as fait ? Après m'avoir abandonné et trahi, tu reviens encore pour me chambrer ! Quand tu étais fauchée, tu vivais avec moi. Maintenant tu ne t'intéresses plus qu'aux mecs pleins de frics. L'amour étant une équation dans laquelle on cherche la valeur de x pour trouver son équilibre, j'ai longtemps cru que tu étais mon x, mais voilà que...

— Oui, t'as raison, coupe la visiteuse. L'amour est une équation, certes, mais une équation paramétrique dépendant de m qu'est l'argent de monsieur. Et on pose comme ceci : Si les pognons sont suffisants, on reste ensemble. Si les moyens manquent, madame cherche d'autres paramètres ailleurs.

— M'as-tu vraiment claqué ? Et tu me le dis en me regardant dans les yeux ! Lâche-t-il tristement. Ah, les femmes ! C'est ainsi que tu as trouvé d'autres paramètres en séduisant tes supérieurs au boulot !

— Surtout ne jamais penser à ça, martèle-t-elle énergiquement ! Personne ne me séduit au boulot, mes chefs le savent. Tu sais, le genre nous a dotées des armes assez puissantes pour imposer le respect. Le mec qui tombe amoureux de toi, tu lui piques son fric et le largues. S'il s'accroche, tu le balances à la justice. Les médias nous offrirons la tribune pour crier au harcèlement, exploitation, discrimination, traitement dégradant et tout le folklore qui nous passera par la tête ; et c'est assez profond pour noyer les PDG, ministres et toutes les créatures de leur espèce. Les problèmes de cœur se transforment en problèmes pénaux où personne ne gagne contre une femme qui jure, la main sur le cœur et les yeux en larmes de crocodile, d'avoir été abusée.

— Ah, vous vous servez de votre soi-disant faiblesse pour crucifier les gens, hein !, souligne le pauvre l'air toujours défaitiste. C'est complètement ignoble, ne le vois-tu pas ? La femme est la plus dangereuse de tous les prédateurs. Son arme de pointe consiste à toujours pleurer, même lorsqu'elle dévore son pire ennemi mâle. Bof, c'est peine perdue, car un monstre de ton espèce ne connaît aucune raison que celle du profit et la haine des hommes. Assez parlé de tout ça, revenons à nos moutons. C'est le monsieur dans la voiture qui t'a séduite, et tu t'es vendue à lui pour de l'argent, n'est-ce pas ?

— Quel monsieur, demande-t-elle un peu perdue ? Ah, tu parles de celui qui me conduisait ce matin ? Ha ha ha ! Ta jalousie te tuera, Simplo ! C'était juste un chauffeur de la compagnie.

— Mais, tu vis avec qui, au juste ?

— Avec qui veux-tu que je vive si ce n'est avec toi ?

— Avec moi, tu plaisantes ! Tu as disparu voilà quatre mois, et...

— Et tu veux savoir pourquoi ? Figures-toi que tu obtiennes un poste stratégique consistant à trouver clients et partenaires. Le prendras-tu à la légère ? J'ai connu un début difficile. Maintenant que j'ai maîtrisé la chose et réussi ma période d'essai, je peux penser à ma vie privée. Ça fait longtemps qu'on est fiancés, il faut qu'on se marie.

— Nous marier ? C'est toi qui finances, alors ? Dot, fêtes, frais administratifs, budget familial...

— Non, c'est toi l'époux. Nos coutumes ne permettent pas que la femme paye pour obtenir la main de son mari. Tu financeras et on...

— Mais, avec quel argent ? Lui coupe-t-il la parole de façon tyrannique.

37

— Il fallait me laisser finir, Simplo ! Je voulais dire ceci : tu vendras ta maison pour la dot et je m'occuperai de la vie quotidienne : nourriture, argent de poche, etc.

— Donc on gérera la fortune ensemble, demande-t-il ?

— Non. Nous opterons pour le régime de la séparation des biens.

— Ah ça, je m'y attendais, lâche-t-il sceptique ! Avant on se partageait ma fortune. Maintenant tu clames le chacun pour soi !

Dibel le fixe et lui parle sereinement : « Rassures-toi, Simplo. Si tu as beaucoup souffert pour moi, c'est naturel pour un homme qui aime une femme. Je t'en suis reconnaissante. Sais-tu combien d'hommes fortunés me font des avances que je repousse ? Ce mariage est un cadeau pour toi, mon petit cœur. »

— Tu t'es trompée de première syllabe, rectifie l'homme plein de rebuffade. Ce mariage est un *fardeau* et non un *cadeau* pour moi. Tu me pousses à vendre ma maison et, quand tu divorces, puisqu'avec toi il faudra s'attendre à tout, je me retrouve dans la rue. Un SDF, c'est ce que tu vises à la fin, n'est-ce pas ? Il nous faut la communauté des biens !

L'homme fait le gros dos. Voilà que curieusement, ce soir, Simplice fait toutes les scènes du monde pendant que Dibel garde un calme amusé. Elle ricane quelquefois puis exhibe des documents avant de lui dire : « Simplo, si je te dis que c'est un cadeau pour toi, je sais pourquoi. Regarde : la belle maison et cette voiture que tu vois en photo t'appartiennent. Je les ai achetées et enregistrées à ton nom. Mais comme tu préfères la communauté des biens, on va... »

— Non, coupe un Simplice alléché par le privilège ! On ne change plus ! La séparation des biens me va dans ce cas !

Ils se marient deux mois plus tard et mènent une vie ponctuée d'histoires de couples faits d'un mari au chômage et d'une femme cadre dans une entreprise en plein essor. Chacun pourra en deviner l'ambiance. Dibel rentre un soir et salue chaleureusement son mari fatigué d'une journée de lessive. Celui-ci répond de la tête, gardant un silence gorgé de ressentiment. Un refus catégorique de faire les frais de ses railleries. La femme s'échange puis s'assoie à côté. Simplice s'efforce d'ignorer cette présence impromptue, mais celle-ci s'empresse d'ouvrir un dialogue qui n'intéresse d'ailleurs personne d'autre à bord.

— Quelle est la place de la femme, questionne-t-elle ?

— Dans les champs et au foyer. Surtout pas au bureau pendant que les hommes se fatiguent à laver les habits.

— Malheureusement le monde a évolué, renchérit-elle en l'énervant de plus bel. Les femmes ont beaucoup à apporter au pays, comme je viens de rapporter un million de dollars à ma compagnie ce mois…

— Je ferais deux fois mieux, se vante-t-il, connaissant les capacités des hommes. C'est sûr que tu es passée à côté de trois choses avant d'en ramasser une.

— Erreur, ricane-t-elle ! Le mec que j'ai remplacé n'arrivait jamais à trois cent mille. Voilà pourquoi on m'a désignée agent du mois, avec la faveur de faire engager un chauffeur. File-moi ton CV.

— Chauffeur, râle Simplice ! N'as-tu pas trouvé un poste de manager ?

— Sois modeste, Simplo, l'orgueil ne paye pas. Si je balançais l'annonce dans la rue, mille personnes nous assiégeraient dans dix minutes. Le veux-tu, ou dois-je trouver quelqu'un d'autre en attendant que tu trouves ton poste de cadre supérieur ?

— D'accord, répond-il finalement. Les femmes ne veulent que ça : se payer la tête des hommes. Tu es satisfaite, n'est-ce pas ? Me voir travailler sous tes ordres, c'est ce que tu as toujours rêvé.

Le lendemain chez *Goods Business*, le chef du personnel serre la main de Simplice. « Enchanté, monsieur Lwana ! », lance-t-il de la plus courtoise des manières.

— Merci, mais c'est plutôt elle, madame Onou, rectifie le recommandé en désignant la femme à côté.

Dibel lâche un sourire contrarié, attendant le moment favorable pour faire la morale à son satané de mari. « Mais voyons, Simplo, un peu de courtoisie ! Qu'est-ce qui coûte de porter mon nom ? C'est moi la plus connue, tu vis dans mon ombre. »

— Dans ton ombre ! Fait-il sceptique. Tu crois que je me laisserai effacer par ton spectre maléfique de femme gonflée ? Tu es ma femme et tu resteras derrière moi !

— Misogyne, taquine-t-elle en gardant un sourire qui l'agace davantage. Tu n'es qu'un aigri du succès féminin !

— Jamais ! C'est l'homme qui donne son nom à la famille !

— Ha ha ha ! T'es amusant, Simplo ! La famille porte le nom de son nourricier. L'homme qui entretient sa femme est appelé *mari*, mais celui nourri par sa femme s'appelle *mario*… comme toi. C'est naturel de porter mon nom car je fais tout pour toi. C'est moi qui te donne un job. As-tu seulement honte de porter mon nom, mais jamais d'être mon *mario* ? Dis-moi, qui donnera son nom aux enfants, quand on les aura ? Tu crois que c'est toi ? Détrompes-toi, parce que je supporte la maison, j'en aurai donc le droit. Tu veux donner ton nom à la famille, sois mon mari, et pas un gigolo !

— Vraiment, regrette Simplice, la femme n'est qu'un vase à fond troué ! L'eau déborde quand c'est plein. Ferme le robinet et, une minute plus tard, le vase redevient vide. Vous ne reconnaissez que l'abondance du présent. Une fois la crise arrivée, c'est l'oubli total. Dibel, regarde-moi dans les yeux et dis que je n'ai rien fait pour toi.

— Ça c'est du passé. Aujourd'hui, c'est l'argent qui compte. Comme j'en ai, je détiens l'autorité familiale.

— Ne crois pas que je te céderai mon pouvoir d'homme, lui dit-il sèchement.

— On ne discute pas sur le pouvoir, martèle Didel, on regarde la personne qui commande. Pour notre couple, c'est moi qui tiens la baguette, gère tout, même ton argent de poche.

Simplice se sent honteux, un genou à terre, mais ne manque pas d'arguments.

— Quand les hommes gagnaient seuls de l'argent, c'est toujours les femmes, oisives, qui le géraient. Très mal d'ailleurs. On les appelait toujours des maîtresses de la maison.

— Aujourd'hui on a progressé, précise madame. Nous gagnons les sous et les gérons nous-mêmes. On n'est plus maîtresses de maison, mais chefs de famille. Tiens, prends ces vingt dollars, achète-moi du crédit de communication et cire mes chaussures. Fais-le vite !

41

— Me prends-tu pour ton domestique, boude-t-il ? Je suis ton mec, c'est plutôt toi qui dois faire mes courses.

— Sois raisonnable, mon petit bébé, adoucit-t-elle par une main tapotant son dos. Tu m'as demandé soixante dollars et on est ici pour te trouver du boulot, n'est-ce pas ? Tu as donc intérêt à exécuter mes ordres car je tiens ton sort entre les mains. Tu ne cires pas mes godasses ni ne m'achètes des unités, pas de boulot, pas de fric non plus ! Compris ?

Simplice fait le gros dos tout en réfléchissant. Boudant comme un vaillant déchu, il récupère l'argent d'une main molle sans arrêter de maugréer : « Je ne le fais que pour éviter un spectacle devant les gens, sinon tu n'y verrais que du feu. »

Le test d'embauche n'est qu'une formalité. Pas du tout une compétition dans laquelle il devait se tailler en morceaux pour se faire élire parmi des milliers d'appelés, puisqu'un contrat remplis avec ses coordonnées n'attend que sa signature sur la table du HR ; et cela s'est même fait avant que sa femme ne lui parle de l'offre d'emploi. Sa présence dans les locaux de *Goods Business* cet avant-midi ne sert qu'à le présenter à tout le personnel.

Il n'a jamais aimé le genre, pourtant c'est sa femme qui le sort du pétrin. Et il le lui rend bien, car c'est fini, les travaux ménagers. Même avec dix fois moindre que son salaire, il gagne désormais son propre argent pour ne plus plaire à sa femme dans le but de mendier la générosité. Il a maintenant une voix pour clamer sa dignité d'homme, pendant que Dibel ne jure que par l'égalité où les tâches doivent être partagées. Ainsi, on ne se nourrit plus que de boîtes de conserve que chacun achète de son côté faute de consensus sur qui fera la cuisine. Résultat : la maison devient un capharnaüm, avec une pile d'assiettes sales dans une poussière que personne ne balaye. Une maison richement meublée ressemblant à une grotte hantée qui réclamerait le prix d'excellence dans la compétition des odeurs face au dépotoir public.

Mais qui passera la serpillière ? On n'ose jamais aborder le sujet parce que Dibel se fâchera. Pas non plus question d'engager un domestique, ce sera carrément ouvrir un autre front dans cette guerre où toutes les forces sont déjà mobilisées. Simplice n'acceptera jamais qu'un homme comme lui soit sous la coupe d'une femme en exécutant les tâches qui leur sont dévolues *a mundo condito*[4]. Quant à Dibel, c'est une allergie totale au terme « femme de ménage » puisque le concept *genre* est justement venu pour libérer ses consœurs des griffes impitoyables de ces machos ; mais surtout qu'elle est extrêmement jalouse. Voyez-vous où je veux en venir ? Et c'est la maison qui en pâtit. Personne ne s'occupera de ces tâches sordides jusqu'à ce que ça s'arrange toutes seules.

Ce samedi matin, ils restent à la maison comme d'habitude. Simplice cherche dans la cuisine, plus un seul verre propre dans le buffet. Des ustensiles nauséabonds et tapissés de moisissures gisent çà et là comme du matériel abandonné dans un champ de bataille. « Sapristi ! », fait-il débordant de colère et se ruant vers sa femme qui dort encore.

— Qu'est-ce que c'est que ça ! Tu n'as pas vu ce grand désordre dans la cuisine ?

---

[4] Depuis la création du monde

— Hum, colle-moi la paix ! Ce bric-à-brac, on l'a fait tous les deux. C'est quoi, mon problème ?

— Ton problème, c'est qu'il n'y a plus un seul verre. Que dois-je faire, alors ?

— T'as qu'à en laver un ou écoper l'eau du robinet avec les mains.

— Sacrilège, s'exclame-t-il ! Moi, le mari, laver un verre ! Ecoute, je ne plaisante pas. Tu m'en laveras un, de gré ou de force !

— Et que me feras-tu si je refusais, demande madame ?

— Je te frapperai !

— Me frapper ! Me prends-tu pour ta fille ou ta bonne ? Tu as dépassé les limites, c'est fini, je m'en vais !

— Ça ne me fera ni chaud ni froid, minimise-t-il. Tu veux partir, personne ne te retient !

Dibel s'arrête. Pensive, elle rectifie son langage : « Crois-tu que je regretterai de te quitter ? Sors mes affaires, jette-les dehors et je m'en irai. »

Elle bondit sur lui comme un félin terrasse sa proie, et celui-ci reste immobile comme une statue, un corps inerte abandonné à son pouvoir, résigné à encaisser les coups ; pourtant elle ne fait que se débattre, répétant inlassablement : « Tu me tues aujourd'hui ou tu n'es pas un homme… ! » Ils passent un moment dans les querelles du style « partira, partira pas ». Simplice soulève un gobelet et le jette dehors. Dibel le regarde puis file dans la chambre, prend sa mallette et sort.

— Que… que… que fais-tu, là ? Questionne-t-il par un bégaiement improvisé.

— Je pars ! T'as jeté mes histoires dehors ! J'enverrai mes frères récupérer le reste de mes affaires.

— Mais, attends, calme-t-il. Je n'ai rien jeté dehors…

— Et ce gobelet, n'est-ce pas là un signe ?

— Mais, c'est juste un objet sale, plaide l'homme aux abois. C'était pour mettre de la propreté, et non pour toi…

— Non, répond Dibel, c'est le symbole du divorce ! Tu ne veux plus de moi, j'm'en vais !

— Non, pardon, supplie Simplice. Ne pars pas, je t'implore…

Sa femme ne l'écoute pas et poursuit sa marche colérique, traînant la lourde mallette à roues grinçant au contact du pavé. Simplice s'incline, rampe, agite les mains comme pour implorer le pardon d'un péché mortel : « Dibel, je t'en supplie. Ne me quitte pas, j'en mourrai… »

— T'as qu'à crever, ça m'est égal ! Va au diable ! Répond la femme qui franchit la porte sans la moindre pitié.

Simplice implore encore, sa femme reste ferme. Bientôt, dans le désarroi, il se relève.

— Assez supplié, dit-il finalement, fais ce que tu veux !

Dibel s'arrête alors. « Comment ça, il refuse de me retenir ? » Elle se retourne et lui saute au cou. « Crois-tu que j'crains de partir ? Regretterai-je un homme comme toi ? Paumé, taré, dégueulasse… T'as menacé de me frapper ? Tabasse-moi si t'es un homme ! Mais je ne pars pas tant que tu ne me rends pas ma parcelle ! »

— Pas question, objecte Simplice ! Elle m'appartient !

— Jamais ! J'l'ai achetée avec mes propres pognons, et j'te la reprends !

— Ça ne marchera pas comme ça, martèle le mari ! Cette parcelle est enregistrée en mon nom. Tu as suffisamment d'argent, tu en achèteras une autre. Comme tu as décidé de partir, va-t-en et cesse de poser de stupides conditions !

— Je ne pars pas tant que tu ne me rends pas ma propriété, souligne Dibel emportée ! Tu vois, je ne veux plus de toi, j'veux ma maison. Rends-la-moi et je fiche le camp !

Un débat houleux intervient sans solution. Simplice lâche enfin du leste. Il fouille dans ses affaires et tire un document qu'il lui tend.

— Tu tiens à cette parcelle ? La voici. Croire aux femmes, c'est ignorer comment vivre. Heureusement que je ne l'ai jamais habitée, ta maison, me contentant d'y mettre un locataire. Et si je m'y trouvais, où irais-je ? Bon, ça va, cela n'est rien. Il faut partir maintenant.

Dibel récupère ce document l'air bouleversée. Que faire alors après avoir obtenu ce qu'elle voulait ? Elle s'arrête confuse, immobile, contrainte de s'en aller par un mari décidé. « Ne reste pas plantée là ! Tu as eu ta parcelle, n'est-ce pas ? Va-t-en ! »

La femme ne bouge pas malgré ce défit. Elle ne cesse pas non plus de regarder avec dédain. « Qu'est-ce qui peut me retenir chez toi, tu délires ? T'es-tu bien regardé ? T'es pas beau, t'es dégueulasse, t'as pas de fric, t'es pas intelligent… Ecoute : rends-moi ma bagnole et je me tire ! »

— Ta voiture, s'étonne le mari ?

— Oui, ma caisse que je t'ai filée !

Simplice ricane et n'objecte pas. « Eh bien, tu me l'avais donnée. Mais puisque tu y insistes, en voici les

46

clefs, la carte rose et les autres documents. Tu peux partir maintenant ? »

Un excès de colère bouillonne en Dibel. « Quel salaud, ce type ! Où est passé son audace d'homme, sa fierté, sa dignité…, lui qui ne cède rien ? Comment m'accorde-t-il tout ce que je réclame ? Il m'a cherchée, il me trouvera ! » Elle rebondit sur son cou et lui taille d'autres zébrures avec ses ongles, criant et mordant : « Salaud, escroc… ! Tu m'as roulée ! Elle était toute neuve, cette bagnole, et tu me la rends amortie. Crois-tu que j'accepterai ? J'en veux toute neuve, sinon je ne pars pas ! »

Simplice reste sans voix. Blessé par ses ongles, secoué par ses bras remuants, assourdi par des cris aigus, il articule doucement : « Mais, cette voiture, on l'a utilisée tous les deux et elle est encore en très bon état parce que très bien entretenue. Puisque tu veux une voiture neuve… »

— Oui, coupe la femme, j'la veux comme j'te l'avais donnée : pas un seul kilomètre au compteur !

— Bon, ça va, on se calme, adoucit le mari. J'ai un peu d'argent sur mon compte, fruit de mes salaires et du reste des prêts accordés par la banque en achetant cette maison où nous habitons. Je te signe un chèque et tu en achèteras une autre de la même marque.

— Non, jamais, s'oppose madame ! Je ne veux que ma voiture, la même à l'état initial, pas une autre ! Arranges-toi pour me la retransformer neuve comme achetée.

— Comment le puis-je ?

— Dans ce cas, je reste, décide-t-elle ! Tu vois, ce n'est pas pour toi ; c'est plutôt pour ma voiture. Opère un seul miracle pour la rendre neuve, je pars aussitôt ; sinon je resterai ici car tu le fais exprès.

Elle lâche sa prise et rend le certificat d'enregistrement parcellaire. « Je n'ai rien à foutre avec ta parcelle de merde, et ta bagnole est cauchemardesque ! » Ajoute-t-elle en remettant sa mallette dans la chambre.

Et la vie reprend. Au bout d'une heure, ils regardent ensemble la télé. Le duel tourne au calme, la tempête vire au dialogue. Plus aucune trace de bataille, l'harmonie règne comme si elle y existait depuis des siècles.

— Dis-moi, Dibel, demande enfin Simplice. Allais-tu vraiment partir ?

— Allais-tu vraiment me laisser partir, lui rétorque la femme ?

— Jamais, avoue le mari. Je t'aurais couru après comme un chien enragé, t'obligeant à revenir sous peine d'être mordue.

Une autre heure passe dans le calme, mais Simplice crève toujours de faim. Il achète du corned-beef, mais les assiettes sont sales. Emporté, il se retourne vers Dibel.

— Mais les laveras-tu, ces assiettes, ou pas ?

— Tu recommences, hein, réagit-elle ?! Tu n'aimes jamais la paix, Simplo ! Lave-les toi-même car si tu comptes sur moi, tu mangeras dans une feuille d'arbre.

— Moi, manger dans une feuille d'arbre ! Ecoute, petite, parce que je ne me répéterai pas : lave-moi toutes ces assiettes, sinon ça finira mal !

— Que feras-tu ? Me chasseras-tu de cette maison ?

— Non, pourquoi ? Un vrai mec ne chasse pas sa femme mais la soumet. Je suis du genre à dompter les femmes, et non à fuir mes responsabilités ; parce que la

48

femme est une enfant difficile qu'il faut en aucun cas chasser de la maison au risque de la gâter de plus bel, mais plutôt garder chez soi et redresser avec des méthodes dures.

— Tu me traites de ton enfant et comptes m'imposer ta dictature ? Crois-tu que je me laisserai faire avec ces idées d'un monde grossièrement macho : me flanquer des coups de poing, me défigurer, me faire perdre ma beauté ; c'est tout ce que tu rêves, hein, toi, le mec le plus laid au monde, et que j'ai aimé par pitié ?

— Ah bon ! Je suis aujourd'hui laid pour toi, ricane un Simplice incrédule ! As-tu oublié comment tu te pâmais de ma beauté ?

— Menteur, sourit-t-elle ! C'est plutôt toi qui me suivais telle une ombre. Te souviens-tu de ce jour-là ? J'avais quatorze ans et toi, seize. Tu m'avais aperçue dans la cour de récré et n'arrêtas plus de me suivre. Rappelles-toi tes cadeaux balancés avec des insultes. N'avais-tu pas rampé deux mois avant que je t'acceptasse ?

— Ah bon, rétorque Simplice. Tu fanfaronnes comme si tu m'étais indifférente. N'avais-tu jamais confié à ton amie Aldy que tu étais folle de moi ?

— Ah, Aldy te l'a dit ? Comment livra-elle un secret de filles à un garçon ?

— Tu vois, conclut Simplice, c'est ça les femmes ! Des complexées, incapables d'avouer leur amour aux hommes, même quand elles en meurent, mais capables de voler leur place. Maintenant, qui va laver les assiettes ?

— Ça ne t'enlèvera pas ta masculinité, dit-elle audacieusement. Moi, je lave les miennes avant utilisation. Tu n'as qu'à faire pareil.

— Tu te trompes, alourdit Simplice ! C'est la femme qui s'occupe du ménage !

— Jamais, la femme n'est pas une esclave, surtout pas moi ! Tu oublies que je suis ta supérieure au boulot. Quelle faute professionnelle que de demander à son chef de faire la vaisselle !

— Me limogeras-tu ? Boulot, boulot… Tu ne répètes que ça ! Sache qu'on est à la maison, et c'est moi qui commande.

Dibel se lève comme dans un duel. Elle le scrute de la tête aux pieds avant d'articuler : « Tu sais, ton autorité ne tient que sur les papiers de l'état civil. Dans la vie, rien ne la confirme car je te surclasse financièrement. Ose me faire quoi que ce soit, je te vire de *Goods Business*, ensuite je te colle un procès, et tu ne t'en sortiras qu'après avoir versé ta dernière goutte de larme ! Compris ? »

— Crois-tu que je cède aux chantages ? Je suis ton mec et je t'impose ce boulot !

— Jamais, ces tâches doivent être partagées. Tu vois, les blancs le font et nous devons suivre l'exemple. Tu laves les assiettes, je cuisine. Okay ?

— Le crois-tu ? Ecoute, je ne gobe pas, comme vous, toute pratique venue des blancs. Je suis africain, descendant des Msiri, Nzinga Nkuvu, Shamba Bolongongo, Mwat Yav, Ngaliema, Makoko, Botoke, etc. Aucun de ces pères ne fit la vaisselle, je ne le ferai jamais ! Que se passe-t-il ? Je n'arrive même pas à m'imposer chez moi ! Où sommes-nous, mon Dieu, où allons-nous ?

Dibel l'écoute. Imperturbable, elle lève le visage.

— Ah, je te vois venir ! Tu cultives la nostalgie d'un passé barbare où les hommes se taillaient les meilleures parts en imposant des fardeaux aux femmes : des interdits – la femme ne mange pas ça, ne fait pas ça –, des corvées – les champs, le ménage –… même dans vos coutumes soi-disant matriarcales, la femme n'était qu'une étiquette, l'oncle prenant tous les pouvoirs. Des objets, voilà ce que vous fîtes des femmes ! Sans blague, mon pote, on est à Kin, cette même terre de tes ancêtres que tu vantes avec un maximum de ridicule ! Mais je t'apprends que cet homme africain, ce maître tout puissant qui croisait les bras pour faire travailler les autres est déjà mort ! On est désormais sur un pied d'égalité. Personne ne domine, personne ne sert, tout le monde fait toute chose. L'ère du genre a sonné !

— Tu vieux donc insinuer que le *genre* est un putsch contre le régime masculin ? Vous voulez juste prendre leurs boulots et les menacer devant les tribunaux… Bref, en faire des êtres inférieurs ?

— Prends-le comme tu veux, mais le genre nous a libérées de l'état d'objets… Cela nous a humanisées que nos sociétés deviennent très policées.

— Et tu penses que nos sociétés ancestrales n'étaient pas humaines ?

— Humaines, pas sûr ; barbares, oui. Répond-elle sèchement. Comment un intellectuel comme toi peut épouser des idées aussi stupides ?

Simplice l'écoute avec amertume, réalisant combien est large leurs divergences d'opinions.

— Ecoute, Dibel. Beaucoup de choses ont changé. D'autres peuples nous ont permis d'avancer dans notre style de vie, et ça vaut le coup d'être à la page. Nous avons l'Internet, la médecine moderne, les machines et bien d'autres choses que n'avaient pas nos ancêtres. Je n'en disconviens pas. Cependant pour ce qui concerne l'organisation familiale, nous garderons la structure africaine : l'homme commande, la femme se soumet. Un point, un trait !

51

— Tu te trompes, Simplo, on vivra le genre ! C'est-à-dire fifty-fifty : partage des tâches ménagères, contribution égale au budget familial, gestion collégiale. Donc avant de décider, tu me consultes. Si j'accepte, tu t'exécutes ; si je refuse, tu t'y soumets. Tu n'achèteras même pas un stylo sans mon autorisation.

— Tu parlottes, réagit-il pour éviter toute concession ! Tu me fatigues avec tes allusions : « En Europe, on fait ça, les blancs vivent comme ça... » C'est lié à leur culture. Nous avons la nôtre et devons la préserver. Ici, nous vivrons l'ordre africain.

— Pas question, objecte-t-elle, on vivra le genre parce que je ne suis pas ton objet ! Tu ris ? Parions alors... On verra qui aura eu raison...

Deux claquements de doigts résonnent comme un défi dans le salon, ouvrant un pari que seul l'avenir dira lequel du genre et l'ordre africain triomphera. Pour l'instant, c'est la bataille de la vaisselle qui continue. Simplice lorgne sa femme et lui lâche au visage : « Tu te dis objet, eh bien, je le confirme parce que tout objet s'achète avec de l'argent comme je t'ai achetée avec la dot. Vous voulez qu'on soit égaux, demandez à vos associations de l'abolir. »

— Chiche, tu te plains pour ta modique somme ! La dot nous valorise, montrant qu'on n'est pas des objets à ramasser dans la rue, mais qu'on souffre pour avoir.

— Bien sûr, rassure Simplice. Tout objet a un prix, et on souffre pour l'obtenir. Même le diamant, on peine pour l'avoir, et quand on l'a on en dispose à sa guise. Jamais une bague ne refusera d'être portée. Toi aussi, tu ne peux refuser de faire ce pour lequel je t'ai achetée.

Simplice marque des points et s'en vante. Sa femme, à bout d'arguments, semble au point de jeter l'éponge.

Mais n'oublions surtout que la femme, même en adoptant un profil bas, tire toujours des missiles de destruction massive dans ses déclarations. N'est-ce pas que les larmes constituent des armes d'assaut pour percer les lignes adverses ? Dibel baisse la tête et parle avec la tristesse d'une enfant n'ayant reçu aucune nourriture depuis des jours : « Tu as raison, chéri. Nous ne sommes vraiment que des objets qui changent de mains. Tu vois, Le lévirat. Un mec qui crève, on se partage son héritage : tel prend sa maison, tel ses habits, tel autre sa femme. C'est bien, non ? Ton petit frère est aussi beau et intelligent que je l'apprécie beaucoup. Quand tu mourras, c'est lui qui me prendra. Franchement, les ancêtres ont bien fait les choses. Quand donc mourras-tu ? Il faut le faire vite, en tout cas ! J'ai hâte de changer de propriétaire, de quitter le tyran pour le sympa. »

— Non, là ça ne peut pas marcher, sursaute-t-il fou de rage ! Ah, Thominas, ce fourbe ! Voilà ce qu'il mijote avec ma femme ! Les ancêtres avaient raison, hein ! Manger avec une femme, c'est manger avec une sorcière…

— Hé, fils de Nzinga Nkuvu, intervient-elle dans un éclat de rire ! Laisse Thominas tranquille, le pauvre qui n'y a jamais pensée. Tu veux zigouiller les gens, tue tes ancêtres qui ont établi ces lois ! Tout le monde mourra, et à ton tour, tes biens seront partagés entre tes frères.

— Là c'est naturel parce que la plus grande part reviendra à mes enfants.

— Oui. Mais ce qui est marrant, c'est que je serai, moi aussi, une part à attribuer. Une part qui ne reviendra pas à tes enfants, mais à l'un de tes frères.

— Bien sûr que non, s'oppose-t-il avec la dernière énergie ! Les biens, j'en fais toujours des cadeaux ; mais toi, jamais de la vie !

— Pourquoi t'opposes-tu, alors, quand tu restes d'accord sur les autres biens ?

— Là, ce sont des objets. Toi, tu es ma femme.

— Mais c'est pareil, puisque tu m'appelles ton objet…

— Hein ? Hum… Non, il faut cesser avec ces conneries ! Je n'aimerai voir personne toucher à mon épouse s'il m'arrivait de mourir. Crois-moi, je ne plaisante pas. Qu'il soit oncle, cousin, petit frère ou grand frère ; la personne qui te fait les yeux doux après ma mort, je quitte ma tombe et viens le descendre !

— Ah bon, ricane la femme, tu traites la loi de tes ancêtres de connerie ! Voilà que tu nous rejoins, puisque le genre lutte contre toutes ces bizarreries-là !

— Vive le genre, dans ce cas ! Je pense qu'il faudra que je lui apporte mon soutien parce que je ne tolérerai jamais ces plaisanteries de très mauvais goût.

— Dans ce cas, lave les assiettes.

— Non, jamais !

— Pourquoi pas ? Le genre le préconise pourtant, et tu viens d'exprimer ton adhésion…

— Non. Le genre ne m'intéresse que lorsqu'il lutte contre le lévirat. Jamais ces conneries.

— Tu ne dois pas adhérer à un mouvement en acceptant certains points et à en rejetant d'autres.

— Pourquoi jettes-tu le noyau d'une mangue, lui renvoie Simplice ?

— Parce qu'on n'en mange que la chair.

— Eh bien, le genre, je le consomme partiellement, prenant ce qui m'arrange et rejetant ce qui est mauvais.

— Mais le genre n'a rien de mauvais.

— Au contraire, tout est mauvais sauf l'affaire du lévirat.

— Pour moi, la lessive est aussi bonne.

— Dans ce cas, fais-le !

— Je le fais bien, précise madame. Avant de manger, je nettoie mes ustensiles.

— Tu devras aussi le faire pour moi, martèle le mari, l'air autoritaire.

— Pas question, objecte l'épouse ! T'as deux mains comme moi et devras laver seul tes assiettes !

— Jamais de la vie, s'écrit Simplice ! Je l'ai déjà dit, et tu n'arrives pas à comprendre ? Jamais je ne saurai bafouer l'honneur de mes aïeux en me féminisant ! Ils m'ont transmis le flambeau d'homme, et je le passerai intact à mes descendants mâles. Toi, tu n'es qu'une nana, c'est ton boulot et tu dois le faire !

— Moi, non plus, rétorque la dynamique Dibel ! Madame Lediz dit que c'est pour le couple, et nous devons lui obéir.

— Mouton de Panurge !, aboie le garçon de plus en plus monté. Il n'y a que des idiotes comme toi qui suivent bêtement les idées de cette emmerdeuse. Qui est Madame Lediz pour imposer ses concepts bidon dans ma maison ?

— C'est ma référence idéologique, et je ne pourrai trahir les convictions qu'elle m'a transmises.

— Dans ce cas, allons la voir. Elle m'entendra, celle-là !

En route, les insultes proférées par Simplice à l'endroit de Lediz ont rivalisé en nombre avec les tours des roues de la voiture. Cependant, dans son salon, madame l'activiste reprend aisément la main. Monsieur se laisse terrifier par son discours agressif. Avec un excès des ailes sans retenu, elle se lance dans une gymnastique énumérant les droits des femmes au boulot et les travaux ménagers désormais dévolus à l'homme, au grand plaisir de Dibel qui appuie : « Tu braillais trop, parle encore ! » Simplice ne dit rien tant qu'il tremble, apeuré. Il n'est pas devant n'importe qui, mais Lediz Raït en personne, cette redoutable femme qui terrifie tous les hommes... presque car, pendant qu'elle ressasse des menaces le poing levé, un monsieur surgit du couloir et gueule : « Hé, Lediz ! Qu'est-ce que c'est que cette histoire ? Tu étais en train de laver les assiettes pour me cuire un repas ; et tu perds ton temps à causer ? Jusqu'à quand dois-je attendre mon repas ? »

— Tout de suite, papa.

— Alors, dépêches-toi, rugit-il ! Tu abandonnes ton devoir pour ces idioties ! Tu veux que je fasse le ménage, moi ?

— Oh, ne te fâche pas, mon cher mari, j'avais simplement oublié ! Supplie-t-elle les genoux fléchis. Je sais que c'est mon devoir, et je le fais illico...

Elle file ensuite comme une voleuse, manie le balai, allume le réchaud, prépare le repas et accomplit plusieurs autres tâches. Au bout d'une heure ou deux, elle rampe vers son mari le buste plié. « La table est prête, papa. Bon appétit ! » Et le monsieur mange non sans lancer quelques tics vindicatifs, se lave et sort dans les après-midi. Lediz retrouve enfin sa paix et le jeune couple impatient.

— Où en étions-nous, réfléchit-elle ?... Ah oui, on parlait des droits des femmes que le genre rétablira, de gré ou de force !

— Je pense que le genre devra commencer par rétablir ces droits dans cette maison où ils ne sont pas respectés, fait remarquer Simplice l'air philosophe.

— Oh, non ! Que me chantez-vous, là ? S'oppose la plus redoutable des activistes. Tout va pourtant bien chez nous.

— A moins que je ne me trompe, renchérit le mari de Dibel, j'ai constaté que votre attitude devant votre mari prouve le contraire. Est-ce que celui-là aime-t-il le genre ?

— Bien sûr, il l'aime tellement qu'il n'acceptera pour rien au monde le voir s'arrêter.

— Pourtant j'ai l'impression qu'il ne l'applique pas, observe Dibel qui gardait un silence de déception.

Lediz lance un regard embarrassé puis explique : « Mon mari ne travaille pas, c'est le genre qui nous nourrit. Chez nous, on vit du genre mais pas le genre. »

— Ça alors, bondit la jeune manager ! Vous affirmez ne pas vivre le genre chez vous tout en prônant l'égalité de sexes dans les autres foyers ! Dites-moi, madame, le secret de cette formule consistant à faire goûter aux autres ce repas que vous-même ne prenez pas. Est-ce votre mari le plus dur à convaincre ou ne le voulez-vous simplement pas ?

Lediz garde la tête baissée, l'air démystifié, devant cette jeune dame qui, en temps normal, boit littéralement ses discours. « Je ne fais la gueule qu'au bureau et dans les manifestations, avoue-t-elle le regard sur la moquette. C'est donc mon boulot, et on vit de ça. Cependant, au-delà de tout, je pense à ma vie privée. Même si j'aimerai que les choses changent, nos maris ne sont pas encore prêts à nous faire ce cadeau. Ça devient, là, une question personnelle. Voudrais-tu sauver ton mariage en faisant le ménage, ou casser la baraque en imposant ce que ta tête de mule de mari n'acceptera jamais ? A chacun de décider. »

En closant le dossier Lediz, Simplice grappille un point pondéré alors Dibel sombre dans des réflexions poussées. Le couple regagne la voiture garée sur la rue, mais la série s'avère encore loin de s'arrêter. La maîtresse ne passe jamais sans ses acolytes, et le carton semble plein puisque de l'autre côté, quelqu'un passe sa route. C'est une femme trimant et suant en revenant du moulin, le cou enfoncé sous le poids d'un bassin de maïs, un enfant dans le dos et une corbeille de vivres flottant au bout de sa main gauche. Une image typique de femme traditionnelle en pleine corvée. Exactement comme le genre n'approuve pas.

Dibel l'examine profondément. « Mais, c'est madame Bakento, l'assistante de Lediz ! », s'écrit-elle presqu'hystérique. Cependant Mme Bakento ne dit mot, tant qu'elle paraît traumatisée par son mari qui la suit au pas, gueulant pour un retard pris dans les courses et des travaux non effectués à la maison. Un fonctionnaire gagnant les miettes et soutenu par sa femme, mais qui ne cesse de la subjuguer. Simplice retrouve ses souvenirs. C'est l'une des femmes qui l'avaient copieusement raillé le jour où il était allé se plaindre du chômage. « Ah bon, fait-elle aussi le ménage ! », s'exclame-t-il intérieurement. Madame Bakento ne se souvient de rien, mais le regard meurtri de Dibel lui arrache quelques mots malgré la présence de son geôlier : « Pourquoi t'étonnes-tu, ma chère ? Tire plutôt ta conclusion ! »

Simplice et sa femme retrouvent leur toit. Au bout de ce marathon extrêmement épuisant, ils réalisent que les défenseurs des droits humains ne vivent pas forcement en paix chez eux. Très souvent on enseigne aux autres à faire ce qu'on leur dit, et non ce qu'on fait soi-même. Le genre s'écrit d'une belle main au bureau, crie à tue-tête dans la rue, fait très mal au tribunal, mais agonise à la maison. Une seule chose, il nourrit bien : ses amoureux comme ses détracteurs. Et l'homme en meurt-il ? Non, il en tire plutôt profit ! On ne dénonce que ce qui gène, mais jamais les avantages indus. Le genre, c'est une vache qui broute sous les pieds d'un homme. Celui-ci ne la chasse pas mais se couche, tète ses mamelons et boit son lait. La bovine se vante d'avoir terrassé le gentleman, mais l'homo sapiens rigole. N'est-ce pas que l'herbe produit ce lait ? Qui en tire la meilleure partie, alors ? *« Mabe ya mbila, elengi se mosaka »*, disaient les ancêtres. Donc, bien qu'on haïsse la noix de palme, on apprécie sa soupe.

La guerre semble finie et gagnée par le garçon, vu que la fille s'est mise au pas. Mais damné soit quiconque croit que la femme est du genre à abandonner son combat. Un dimanche matin, Dibel fait le ménage pendant que Simplice s'attriste au cœur du salon. Il renverse sciemment du lait sur la moquette, Dibel ne dit rien mais passe l'aspirateur. « Comment, se dit-il ! Il n'y a pas longtemps, elle m'exigerait de le nettoyer moi-même, non ? » Il renverse alors un verre et l'eau se répand sur la table. De quoi énerver le moine le plus zen. Mais Dibel ne dit mot. Elle apporte simplement le torchon et essuie la table sans faire payer la facture à personne, pendant que Simplice affutait ses armes et se préparait à faire face à une expédition punitive. Un cessez-le-feu, c'est plus mortel que les bombardements pour un combattant de carrière, puisqu'au front il est occupé à quelque chose, pendant qu'au repos, l'oisiveté semble tuer ses mouvements. Pour ce monsieur, c'est carrément intolérable ; et ça mérite un coup de gueule : « Mais pourquoi ne réagis-tu pas ? Je l'ai fait pourtant exprès ! Qu'est-ce qui te prend, Dibel ? On ne s'engueule plus, tout est calme … Tu me facilites trop la tâche, et je n'aime pas ça ! »

Il comptait la mettre dans tous ses états, mais Dibel ne jure que par Lediz, avec toutes les mises à jour possibles : « Une femme digne de ce nom ne casse pas la baraque en engageant un choc frontal avec son mari. Elle tempère, obéit et lui facilite la tâche, juste pour sauver l'amour ». Pourtant Simplice ne voit pas les choses de cet œil. La femme fut la première à parler au diable qu'elle a adopté sa technique. Quand le diable cesse de hanter quelqu'un, c'est qu'il s'en est trouvé un autre pour faire le même travail. Une femme qui ne t'embête plus, n'a-t-elle pas trouvé un autre gars qu'elle embête désormais ? « Embête-moi de nouveau, supplie-t-il presqu'à genou. Il faut qu'on se rentre dedans, s'engueule, se fasse la guerre … Le genre est bon quand tu le défends et je le condamne, comme ça nous avons quelque chose à faire dans cette maison. »

Dibel le regarde avec sourire moqueur. « Ha ha ha ! Tu fais pitié, mon pauvre Simplo ! Mais ne crains rien, puisque tu es entre de bonnes mains. Tranquillises-toi, chérie, car personne ne te tuera dans cette maison. En t'épousant, j'avais juré de te donner tout ce que tu voudras, et je tiendrai toujours ma promesse. Tu voulais la paix, je t'en avais servi. Maintenant que tu as changé d'avis, laisses-moi le temps de réfléchir, et je donnerai suite à tes nouvelles préoccupations. »

Dans la vie il y a l'argent et la femme. Si on n'y trouve pas son compte, on embrasse toutes les philosophies. Quand on est comblé, on appelle quelques ennuis. On ne se sent mieux qu'avec quelques problèmes à résoudre.

Le lendemain, au travail, Dibel lui en fait voir de toutes les couleurs. Simplice ne conduit pas sa voiture, mais balaye, rase la pelouse et décharge la marchandise dans l'entrepôt. Le soir c'est un homme fatigué qui traîne les pas. Mais Dibel lui montre les vivres accordés par la direction : deux cartons de viande surgelée.

— C'est plus de soixante kilos, s'enthousiasme-t-il ! Bonne bouffe !

— Oui, fait Dibel l'air faussement accordé. Mais avant d'utiliser ton estomac, tu fais le porteur. Allez, hisse ce colis sur la tête !

— Mais je suis abattu, se plaint-il. Veux-tu que meure au boulot ?

— Ça alors ! Un employé qui s'avoue inapte ! Est-ce de l'insubordination que je dois sanctionner ? Ecoute, Simplo. En vertu de mes pouvoirs de Manager, je t'ordonne de porter ce colis !

Simplice les hisse, tête et cou disparus derrière deux cartons empilés et les épaules pliées, puis s'avance vacillant vers la grille. Sa femme le suit comme une ombre, la tête gonflée d'audace, se félicitant de ce scénario démontrant son autorité. Son coup semble réussir, sauf un détail négligé : la voiture est garée loin dehors. Dès qu'ils franchissent la grille, son mari s'arrête.

— Eh bien, Dibel, chaque chose a son temps. J'ai porté des charges toute la journée, maintenant c'est ton tour.

— Quoi, réagit la Manager, tu demandes à ta supérieure de faire ton travail !

— Non, ma chérie, ne confonds pas les choses. On a quitté l'enceinte de Goods Business. C'est la vie privée qui reprend. Ce n'est plus ton agent, mais ton mari qui parle.

Dibel inspecte les environs, un monde fou sort des bureaux. Quel scénario ferait-elle devant ce public ? Non, c'est impossible !

— Mais, Simplo, arrêteras-tu ce cirque ? Regarde autour de nous. Deux cents employés qui me vouent un respect culte, et tu veux te foutre de ma gueule devant eux ?

— Cirque, réagit Simplice ! Porter un colis sur la tête, tu appelles ça cirque ? Eh bien, Dibel… En vertu de mes pouvoirs de mari, je t'impose ce colis !

— Bon ça va, on ne s'affole pas, dit-elle au bout d'une plaidoirie infructueuse. Je le porte, si ça te fera plaisir. Mais tu porteras mon sac pour gagner du temps.

— Me prends-tu pour ton boy[5], objecte le mari ! N'y compte surtout pas. Tu porteras seule ton fardeau !

Dibel hisse les vivres sur la tête, mais son sac reste à terre. Elle lance un coup d'œil à son mari qui regarde ailleurs, juste pour ne pas l'aider. Elle se courbe alors et le poids sur sa tête la fait chavirer. Simplice se voit contraint de faire quelque chose. Il la saisit par sa main puissante. Son équilibre retrouvé, la femme marche vers la voiture, une main sur les cartons, une autre balançant un sac qui la fait déséquilibrer.

Le mari comprend qu'elle n'ira pas loin sans s'écrouler. Il récupère le sac et celle-ci ramène les deux mains sur la tête pour retrouver l'équilibre. Les employés restent stupéfaits et n'osent pas trop regarder, au risque de croiser le regard du chef. « Madame Dibel Lwana Onou, porter un colis sur la tête ! », s'horrifient-ils. Gare à celui qui rira ou évoquera cette histoire dans les bureaux ! Les foudres ne manqueront pas de lui tomber dessus. Dibel s'en fout et préfère marcher le cou englouti comme une paysanne revenant des champs. Son mari

---

[5] Boy est un terme désignant un domestique. Il est couramment employé en Afrique.

suit derrière avec le sac de madame, un peu comme un garçon de courses. On se demande qui sert qui, qui a triomphé sur qui.

Ne confondez donc jamais une belligérance aux soubresauts d'une vie de couple bien remplie. Parfois des gens qu'on croit se faire une guerre impitoyable vivent plutôt un amour particulièrement intense. Enfin, ce combat violent dont on croyait que l'un sortirait dans un cercueil s'achève sans vainqueur ni vaincu. Ce n'est pas faute d'atouts. C'est simplement que la mise à mort ne semble pas avoir été prévue. Personne n'a vraiment eu envie d'achever son adversaire parce qu'à chaque fois qu'un protagoniste s'allongeait groggy, les bras en crochet sur la corde, l'autre se gardait de donner le coup fatal, mais apportait une bouteille d'eau. Il lui accordait simplement un temps de répit, l'aidait à reprendre ses forces en vue de contre-attaquer. Nul n'avait l'intention de tuer son pire ennemi parce qu'il n'en survivrait jamais. Les spectateurs criaient à l'escroquerie et exigeaient d'être remboursés, mais ils avaient appris à leurs dépens qu'investir des sommes colossales pour pousser les femmes à égorger leurs hommes se ramène à jeter autant d'argent par la fenêtre parce que, croyez-moi, un monde exclusivement féminin ou un autre masculin ne sera qu'une nourriture fade qu'on jettera plutôt que d'en manger.

Simplice et Dibel ne dérogent pas à la règle. Entre eux, le mariage est une partie de ping-pong où chacun sait où et quand exercer son pouvoir pour subjuguer l'autre. Il regarde dans la tradition pour consolider son pouvoir d'homme, tandis qu'elle trouve ses marques dans l'occident pour prôner l'égalité. Chacun impose ses idées ; croyant se battre autour du genre qui n'y est vraiment pour rien, ils jouissent plutôt d'un mariage passionnément agité, irrésistible et puissant. Un conflit millénaire opposant hommes et femmes créés les uns pour les autres, dont le big-bang ne produit qu'un faux désordre, utile à chaque union solide.

Le directeur général sort pour monter dans sa voiture. Regardant ce spectacle, il claque les mains et sourit : « On en aura tout vu, en tout cas ! Entre l'arbre et l'écorce, il ne faut jamais mettre le doigt. Pour ces deux-là, quiconque s'en mêlera ne sera que confus. Ils sont faits comme ça, ils ne changeront jamais. »

3. Le débat

Sa lecture finie, Mopanga-Boyokani partage son ressenti.

— C'est donc ça qui a raflé la mise devant tous les textes ayant concouru pour le mois de février 2010 ? A te dire vrai, mon pote, ton style n'est pas aussi raffiné que celui d'un Balzac, Zola, Musset ou Philip Roth.

— Oui, vous avez totalement raison, reconnaît le lauréat. Je sais qu'il me faut encore du chemin pour affiner ma plume. En effet je pense que je n'arriverai jamais à faire un Voltaire ou un Alexandre Dumas pour deux grandes raisons. D'abord les égaler n'est pas facile parce qu'ils sont très grands. Ensuite c'est parce que je suis africain. Je ne pourrai jamais les imiter pour faire un cloné littéraire au risque de perdre mes sensibilités. Parler d'Afrique requiert à africaniser sa plume. Quelle que soit langue utilisée, il faudra qu'on sente la verve subsaharienne dans sa rhétorique. Il ne faudra pas faire une littérature française par les Africains, mais plutôt une littérature africaine en français. Nos vedettes de la chanson y ont réussi en produisant la Rumba, le Ndombolo, le Coupé-décalé, le Mbalax et le Reggae africain qui font le tour du monde. Pourquoi ne pas le faire en écrivant ?

— Hum, t'as peut-être raison, adhère le géant. Pour le style, je te l'accorde ; mais pour le fond, y a à boire et à manger. C'est vrai que j'y ai décelé des diatribes bien portées, t'as épinglé quelques problèmes ; mais dans l'ensemble, t'as été moins incisif, trop clément, trop modéré, trop mou dans la vindicte. C'est comme si t'évitais que les femmes t'en tiennent rigueur, parce que crois-moi, mon pote, cette histoire de genre, c'est de la merde.

— Ah bon !

— Oui. Comme déploraient les Romains dans le temps, j'dirai moi aussi : *Ubi solitudinem faciunt, pacem appellant*. C'est juste un désastre qu'ils appellent solution. Ils écrasent les gars au nom des droits des nanas, voilà le topo ! Tout ça, c'est la démocratie qui l'occasionne. Tu sais que c'est cool, la démocratie ? *Argumentum e contrario !* C'est la liberté d'expression, de porter les fringues qu'on souhaite, de bouffer ce qu'on veut, d'adhérer au parti de son choix, de pratiquer la religion de son goût ou d'en avoir aucune… donc de faire ce qu'on veut, à condition de n'offenser ni la loi ni les autres. C'est carré, non ? J'adore la démocratie ! Seulement que dans toute chose il y a des avantages et des inconvénients. Ça nous accorde des libertés, mais y en a qui en abusent. Et le genre, c'est justement un des ratés de ce système. Les femmes en font trop pour de petites choses.

— Mais je pense le contraire, mon vieux, s'oppose le plus jeune. Le genre, c'est précisément pour instaurer un équilibre entre l'homme et la femme qui a été laissée pour compte ab æterno[6]. Voyez par exemple que dans la bible, Jacob avait treize enfants mais que seuls douze garçons ont pu former les douze tribus d'Israël. La fille, Dina, on l'avait carrément rayée de la liste. Combien de grands prêtres ont été féminins ? Zéro. Jésus avait des femmes dans son sillage, pourtant seuls douze hommes ont été ses apôtres, parmi lesquels, Judas Iscariote : un traître. Je ne pense pas qu'une femme le ferait si elle était choisie à sa place. Voyons un peu du côté du coran. A la mort de Mahomet, l'unanimité se rompit sur la question de sa succession. Le prophète n'ayant pas laissé de descendants mâles, chiites et sunnites se sont tourné le

---

[6] Depuis la nuit des temps

dos pour la désignation du calife. J'ose croire que si le prophète avait un fils, tous l'accepteraient. Pourtant il y avait Fatima, la fille préférée de son père. Pourquoi n'en ont-ils pas faite calife ? Parce que c'était une femme. Aucune femme n'est devenue Imam ou Pape jusqu'à ce jour. Et c'est pareil dans les domaines séculiers. Aucune femme n'a été impératrice durant l'empire romain, aucune femme n'a dirigé les cités grecques, aucune encore n'est passée présidente des Etats-Unis, pas de femme secrétaire générale de l'ONU... Toujours les hommes, partout et pour tout. Il fallait qu'il y ait le genre pour panser toutes ces plaies.

— Et tu crois que c'est ça le vrai problème, contre-attaque le volumineux crane aux cheveux ras ? En sont-elles malheureuses au point d'en mourir ? Depuis longtemps, la femme a toujours tenu un rôle stratégique derrière son homme, avec son aura extrêmement puissante à briser n'importe quel nerf solide masculin. Tu parles de Judas comme si les femmes ont toujours été cool dans la bible ? N'est-ce pas qu'Eve avait donné le fruit proscrit à Adam ? Souviens-toi aussi qu'Hérode fit trancher la tête de Jean-Baptiste sur instigation de sa femme. Et les cheveux de Samson, qui les a faits couper ? Est-ce que ces philistins mâles réussiraient tous seuls malgré leurs armes ? Voilà qu'une créature réputée faible et à mains nues parvint à dominer une machine de guerre ayant des lions et des armées entières dans son pedigree. Touchons un peu le point du Grand Prête dans la religion juive. C'est quelqu'un qui devait offrir des sacrifices annuels pour toute la nation d'Israël à des dates très précises. A supposer qu'une nana exerçât ce sacerdoce et qu'elle voie ses écoulements mensuels le jour du sacrifice propitiatoire. Allait-elle accéder au lieu très saint où seul le souverain sacrificateur avait le droit d'entrer, puisque la loi de Moïse déclarait que toute femme en période mensuelle était impure et devait éviter les lieux sacrés ? Vois-tu où ça devait conduire ? Il n'y aurait pas de pardon pour les péchés de tout un peuple cette année-là. D'autre part, qui gère le salaire de l'homme ? N'est-ce pas sa femme ? Penses-tu que si la femme était la seule à bosser dans un foyer, sa paye serait aussi charcutée à son détriment par son mari comme elle le fait si bien dans le cas inverse ? Mon pote, fais gaffe, les femmes ne sont pas à plaindre. Elles sont déjà puissantes comme ça. Elles dictent des ordres aux rois et chevauchent les preneurs des décisions. C'est leur volonté que les hommes appliquent. Elles détiennent le pouvoir effectif, plaçant les mecs à l'affiche pour faire de la figuration ; et quand on leur donne le tout, c'est fini ! Reste plus qu'à déclarer les mecs espèces éteinte, au même titre que les dinosaures. »

— Ça frise la misogynie, vos déclarations !

— Jamais. Pourquoi dois-je être misogyne ? Les dames, je les aime. Elles sont nos mères, nos sœurs, nos épouses, nos filles, nos amies et même nos collègues. Leur seul problème, c'est qu'elles veulent faire du naturel une cacophonie artificielle. Si c'était possible, elles demanderaient aux gars de porter leurs grossesses et d'aller accoucher à la maternité. C'est la seule chose qui leur reste à nous imposer puisqu'elles ont tout tenté et réussi. On est kinois, mon pote, et dans notre culture, une femme, même ministre, qui prépare du fufu, lave les assiettes, met un bassin de manioc sur la tête ou porte un bébé dans le dos, n'essuiera aucune raillerie. Au contraire, on louera son initiative. Mais un gars qui le fait, on le singe, on l'accable de surnoms. Si vraiment on aime son mec, pourquoi ne pas lui épargner ces genres d'étiquettes quand on sait que ça ne casse aucun carreau si on le faisait soi-même ? Mais elles insistent. N'est-ce pas une volonté délibérée de nous humilier ? Certaines dames n'ont peut-être des problèmes qu'avec un seul mec, mais elles éclaboussent tous les autres.

— Je pense que les femmes le font par dégoût, défend M. Parole. Les hommes leur causent tant de mal qu'elles ont fini par rendre les coups. Avez-vous suivi les infos ces derniers temps ? On ne parle que viols, mutilations, harcèlements sexuels et violence de tous genres. C'est devenu un loisir pour les hommes de les brimer comme si elles n'étaient que des objets. Cela justifie qu'elles tirent sur tout homme qui bouge, car lorsqu'on a été brutalisé, la répression n'est jamais spécifique. On balance simplement des coups en l'air, sans regarder les têtes qu'on coupe. Pas du tout étonnant parce que, pour une femme abusée, tous les hommes sont des bourreaux, des violeurs et des machos. Rien n'est écrit sur les visages pour différencier le bon du salaud. Leurs réactions sont, dans une certaine mesure, fondées, car la persécution engendre toujours la révolte. Peut-on alors blâmer une personne entrée en dissidence contre un crime subi ?

— Là j'comprends, admet le gaillard. Même à l'usine de production, il y a toujours des ratés qu'on n'empaquette pas, mais jette à la poubelle. C'est vrai qu'il y a aussi des ratés parmi les hommes qui commettent des actes aussi malheureux. Tu sais, mon pote, j'ai une femme, moi aussi : Madame Boyokani. Elle a presque la moitié de mon poids et peut-être le quart de ma force musculaire, mais elle me fait très souvent la tête dure comme toute femme qui se respecte. Se conformant au slogan bidon forgé par les kinois : *bota incompréhension*[7], elle me fait, elle aussi, des scènes. Mais crois-moi, mon gars, que jamais elle n'a reçu une gifle de ma part. J'peux pas faire ça. Y a plusieurs façons pacifiques de corriger une femme...

— Comme quoi, par exemple ? S'enquiert l'écrivain avide de trouver la formule exacte.

— Comme continuer à la nourrir, la vêtir, lui donner plein de trucs, mais faire comme si elle n'existait pas : refuser de prendre sa bouffe ou de répondre à ses taquineries. Tu vois, frangin ? Il y a mille façons de gérer une nana qui pète les plombs, mais la violenter, l'affamer ou lui faire je ne sais quoi, c'est la manière des brutes. Fermons cette parenthèse en disant que ces gens avec leurs pratiques font la honte de la gent masculine et ne constituent qu'une bande de ratés, bons pour la tôle. Les vrais mecs ne violent pas les nanas. Ils les amadouent malgré elles. Que les dames ne se penchent pas mordicus sur ça pour légaliser leurs crimes odieux commis depuis que le genre est né. J'te dis ce qui est vrai. Cent mecs seraient très puissants et leurs nanas faibles, dans septante[8] pourcent des cas, voire quatre-vingts, leurs gonzesses seraient en sécurité. Personne ne les embêtera parce que leurs gars veilleront au grain. A contrario, de cent *momies*[9] plus puissantes que leurs *djo*[10], nonante se mettront à maltraiter ces derniers, à les humilier en

---

[7] Littéralement « accouche de l'incompréhension ». Une réplique typiquement kinoise d'évoquer la rage pour noyer le chien et rester sourd à tout éclaircissement.

[8] Soixante-dix. Nous sommes une colonie belge, à Kinshasa on entend les gens dire plutôt septante et nonante que soixante-dix et quatre-vingt-dix usuels à Brazzaville, de l'autre côté du fleuve.

[9] Femme (spécialement épouse, concubine...) dans le parler typiquement kinois.

[10] Mec, en lingala

public, à les frapper même, à montrer au monde comment leurs mecs tremblent devant elles. Sachant qu'être bon ou méchant se définit par l'usage qu'on fait de la force, si on l'utilise pour protéger les siens ou les persécuter ; dis-moi dans ce cas, man, qui de deux sexes a le plus mauvais cœur ? La femme est un organe malade greffé dans le corps de l'homme. Voilà la vérité ! »

— Vraiment ?

— Ouais, c'est sans blague. De toute façon, j'trouve que les nanas n'y sont pour rien. Elles ne constituent qu'un cheval de Troie offert aux mecs.

— Ah bon ! La femme est un cheval de Troie pour l'homme ? De qui proviendrait alors ce cadeau empoisonné ? Là, je ne vous comprends pas du tout.

— Pourtant il faudra me croire, mon pote. La meuf n'est qu'un pion majeur dans un règlement de comptes entre Dieu et l'homme.

— Non, là, je ne saisis plus rien.

— C'est vrai, masta[11]. Lis la bible. Il y est écrit que Dieu est jaloux. De sa suprématie, de sa gloire, de son culte, il est complètement jaloux et ne partage rien du genre. Il avait créé le monde, les plantes, les animaux… rien ne contestait son autorité. Mais voilà qu'il créa l'homme, oh, mon Dieu ! Le problème est qu'il l'a fait à son image. Ça y est, le cocotier allait être secoué ! Créer l'homme à son image, ça signifie quelqu'un d'intelligent, d'inventif, de pas du tout bête comme les animaux : ces amas de muscles sans cerveau qui n'ont de business que bouffer et se reproduire. Mais l'homme ne rêve depuis

---

[11] On dit aussi « Mista », il signifie « mon pote ». Vocable introduit à Kinshasa dès les années 60 par des casques bleus venus d'Afrique anglophone. « Mister » se prononçant « Mistâ(r) » a fini par désigner un ami.

que d'un coup d'Etat, de remplacer son créateur ; et ce dernier savait, par ses sondages sophistiqués effectués dans les cœurs, qu'il irait jusqu'à créer ses propres hommes par le clonage, les fécondations in vitro, les robots... mais surtout son propre monde : ce système de merde où les brutes écrasent les sans défenses, et dans lequel il faut rendre un culte à l'homme ou à ses symboles d'autorité comme les pognons pour vivre. Tu vois, la souveraineté devenait quelque chose à disputer. Une fois qu'il ait conquis toute la terre et colonisé l'univers, l'homme, l'ambitieux qu'il est, ne s'arrêtera pas en si bon chemin. Il sera tenté de conquérir les pays spirituels. Avec ses fusées, c'est plus facile, n'est-ce pas ? Le paradis se trouve à portée de main. Il suffit de le localiser avec ces navettes espionnant les galaxies et y larguer des bombes à neutron, fragmentation, fissuration ou uranium fortement enrichi ; il arrivera à zigouiller les anges puis capturer leur chef, le juger et le condamner comme on le fait à tous les tyrans de la terre pour implanter la démocratie ; car il me semblerait que *Dieu* et *Démocratie* ne riment pas du tout. »

— Le croyez-vous ? Et le libre arbitre dans certaines choses, n'est-ce pas là, la démocratie accordée par Dieu à l'homme ?

— Là n'est question que du superflu, mais sur les questions de fond, y a pas photo. La théocratie est l'antithèse de la démocratie. Vois plutôt ça : En démocratie, on proscrit le culte de la personnalité, les opposants ne vivent pas en tôle, mais courent les rues, sèment la pagaille à tout bout de champ, narguent le pouvoir partout où ils se retrouvent, travaillent à l'échec du parti aux affaires en dressant le peuple contre leurs autorités par des marches, des grèves, des sit-in, des échauffourées avec les flics... Vox populi vox dei, tout ne passe que par les élections. Et c'est le peuple qui choisit ou débarque les gouvernants. C'est le domaine d'égalité, d'équilibre des pouvoirs et la limitation des mandats. Même le genre y trouve son compte : la gonzesse est l'égale du mec, le chef de l'Etat n'est qu'un citoyen parmi tant d'autres, au même titre que le plus crevé des sans abris. En théorie, bien sûr. On y jouit des mêmes droits civiques : un homme, une voix. Pas de pondération accordée à quiconque. Y a que la loi qui soit au-dessus de la mêlée, et tout le monde s'y plie. En revanche en théocratie, le culte au souverain passe en premier. Le chef de l'opposition vit en exil, ses partisans (les démons) sont bannis de là haut et largués sur la terre où les ambassadeurs du royaume des cieux (les gens de l'église) les chassent avec des prières comme on disperse des manifestants au gaz lacrymogène puis les lient au pénitencier des lieux arides. Le souverain, au mandat éternel, se place au-dessus de la loi parce que c'est lui-même qui la fait, la dicte et se réserve le droit de la modifier (changement d'alliances) sans le moindre avis du parlement (cette assemblée d'anges qui plébiscitent en scandant *saint ! saint !*), et surtout sans le moindre referendum populaire. Le peuple ne discute jamais, sous peine d'être taxé de péché (l'infraction selon la loi céleste) dont la peine (appelée salaire) est de mort. Là, il n'y a pas de nivelage, tout est échelonné à l'instar d'un organigramme : le père est le chef du fils, le fils celui de l'homme, et l'homme est au-dessus de la femme. C'est inscrit dans la constitution (la bible), et il n'est pas donné au peuple d'amender ne serait-ce qu'un iota sous peine de se voir enlever ses parts de bénédiction. Cherche surtout pas à ajouter, mon gars, au risque d'augmenter ta dose des tribulations. *Audi, vide, tace, si vis vivere*, on obéit et on la ferme pour éviter des embrouilles. Ne rien enlever et ne rien ajouter. Dire simplement *amen*. C'est ça, le bulletin vert imposé dans le vote. Tu vois maintenant ? N'est-ce pas que les deux systèmes sont aux antipodes et que l'affrontement s'avère inévitable ? Dieu est un monarque absolu qui ne le cache jamais. Il se déclare monarque éclairé, le seul à savoir ce qui est bien pour son peuple et qu'il lui impose pour son propre bien, que sans lui c'est la mort. Et de l'autre côté les démocrates, ayant germé des décombres des tyrannies exercés par ceux qui affirmaient être des lieutenants de Dieu sur terre, ne concèdent à aucun chef la connaissance exclusive de ce qui est bien ou mal. Te souviens-tu de 1789 et d'autres dates en amont comme en aval ? Te souviens-tu surtout de la fin du XXème siècle où l'on régla leur compte aux dictatures-monopartismes ? Tout s'était écroulé comme un château de cartes, du mur de Berlin aux Partis-Etats d'Afrique. Le monde arabe qui croyait que ça n'arrivait qu'aux autres se vit réserver le dernier vent, et en ce début du XXIème, son compte est en cours de règlement. Les dictateurs, on les a tous virés ou presque. Maintenant, regarde les choses bien en face et dis-moi : quelle guerre reste-t-il à la démocratie de mener, et surtout contre qui ? »

— Là, je ne sais pas. On verra ce que nous réserve l'avenir. Au monde, les systèmes naissent, font leur temps puis disparaissent avant qu'un nouvel ordre ne soit établi. Sûrement qu'un autre système viendra titiller la démocratie, que celle-ci l'avalera d'un trait ou lui abandonnera le terrain parce qu'avec plus de deux siècles dans les jambes, c'est beaucoup et rien du tout à la fois. Elle peut être en fin de cycle ou avoir encore du chemin devant elle.

— T'es malin, mon pote, pour esquiver une telle question ! Mais j'te dis la vérité. L'histoire du monde, c'est comme dans un film d'action. On commence par affronter les petits adversaires et lorsqu'on les a tous vaincus, c'est le choc au sommet. Aujourd'hui la démocratie à presque fini son boulot sur terre. A part quelques petits noyaux de résistance qu'elle soumettra vite, vue l'allure où vont les choses, la seule autocratie en face ne reste que le Royaume des Cieux. Et comme la démocratie a horreur de toute centralisation du pouvoir, des méthodes dures sont à envisager. Dieu savait que l'homme se mesurerait un jour à lui en constituant un bloc rival comme du temps de la guerre froide : *démocratie* au pouvoir décentralisé contre *théocratie* au pouvoir extrêmement centralisé, à l'instar des blocs de l'Ouest versus l'Est. Et s'il lui arrivait de connaître le même sort que les communistes ? Crois-tu que Dieu ne s'est jamais demandé, avec toutes les autocraties qu'on déboulonne jour après jour, qui sera le prochain sur la liste ? Penses-tu qu'il ignore l'agenda caché de l'homme, cet hypocrite spécialisé dans la comédie de vénérer sa cible pour mieux l'approcher afin de l'abattre à bout portant ? Crois-tu qu'il restera les bras croisés à regarder l'homme le détrôner ? Voilà pourquoi il fallait trouver une panacée : donner une femme à son adversaire pour lui prendre sa putain de tête qui ne cherche qu'à trouver comment réussir son coup et se mettre le monde en poche. Il fallait donc lui envoyer un problème dans son propre monde, transformer la guerre froide *Démocratie terrestre* contre *Théocratie céleste* en lutte des sexes ; comme ça il y versera toutes ses forces et larmes afin que lorsque sonnera l'Armageddon, la terre – cette province rebelle – soit cueillie comme un fruit mûr tombé sans résistance. Et pendant ce temps, elle l'embête tellement qu'il se lamente jour et nuit : « Mon Dieu, c'est quoi, ce casse-tête nommé femme ?! »

— C'est curieux, votre analyse ! Lâche l'air soupirant l'écrivain débutant au bout d'une écoute fortement philosophique. Donc vous donnez raison à

75

ceux qui ne sont pas mariés pour éviter des embrouilles inutiles : Jésus, Paul, les papes et plein d'autres dont le passage sur terre n'a consisté qu'à faire leur boulot et partir sans se laisser capturer dans cet attrape-nigauds nommé *l'os de nos os, la chair de notre chair*, qui donne plus des fils à retordre que de l'aide dont elle était censée être ?

— J'vois que t'as pigé. L'homme serait peut-être un petit dieu s'il n'y avait pas de femme, parce qu'il n'aurait aucun gigantesque obstacle à sauter.

— Donc, vous regrettez de vous être marié ?

— Aucune réponse, mon pote.

— Pourquoi ?

— J'mets plus l'accent sur ce que j'ai à faire au monde : parler aux gens, les encourager à tuer leur propre mal enfoui dans la haine et le manque de courage à affronter la réalité. Suis-je un mari heureux ? Je ne me suis jamais posé la question jusqu'à ce que tu me la poses. J'y penserai pour trouver la bonne réponse. Tout ce que je m'étais dit en me mariant, c'était de ne pas enlever la fille d'autrui à sa famille pour la rendre malheureuse, mais plutôt plus heureuse qu'elle n'a jamais été, et passer une existence pleine de sens avec elle. Si tous les couples pouvaient faire pareil, on n'aurait pas besoin que le genre vienne nous enseigner comment se fâcher avec l'autre.

— S'il vous arrivait de donner un petit conseil à ceux qui se sont mariés par erreur et aux célibataires, que leur diriez-vous : divorcer, se marier ou s'abstenir ?

— Pour ceux dont le mariage est un cauchemar, qu'ils n'hésitent pas à divorcer. C'est pour leur propre bien. Pour les célibataires, à chacun de juger. Je dirai simplement qu'un célibataire n'est qu'un corps à moitié désactivé, bien sûr. C'est dur, mais ça vaut la peine de tenir le coup que de tomber sur une très mauvaise femme ; parce que celle-là fait de son homme un corps à moitié pourri. Donc, tu vois ? C'est juste parce que les femmes soumises sont, à ce jour, une race disparue, emportées dans un autre monde qu'il faut étudier avec un microscope. Le stock est épuisé, le genre leur a mis des conneries dans la tête, et elles pensent désormais que les mecs ne sont que des putains d'esclaves à balancer comme la sauce. Fini le temps des femmes modèles et soumises aux maris, fini les femmes idéales. Plus rien !

— Là, je ne suis pas d'accord, s'oppose l'ami des lettres. Je ne croirai pour rien au monde que la femme idéale et vertueuse soit une espèce éteinte.

— Si pas totalement éteinte, admets tout de même qu'elle est en voie de disparition. A cette époque où réussir le mariage devient un pari risqué où l'on échoue plus qu'on gagne, c'est révolu le temps de la femme maîtresse du foyer, architecte du bonheur familial et témoignant une loyauté sans faille au mari. Aujourd'hui elles sont activistes, frondeuses, créatrices d'associations et militantes des droits qui servent à donner plus des coups aux mecs qu'elles n'en reçoivent, des va-t-en-guerre plutôt qu'adeptes du consensus. Ce ne sont plus des femmes, mais des hommes à double chromosome X, affranchies de tout respect envers l'autre sexe et déterminées à le rayer de la carte pour dominer seules le monde. Elles font ça parce qu'elles savent que les lois les entêtent à transformer les familles en foutoirs, le mariage en champ de bataille plutôt qu'au havre de paix comme jadis, et les gens en sortent plus brisés qu'enrichis d'un bien-être partagé. Sais-tu que la famille constitue la cellule de base de toute société ? T'as étudié la biologie et tu comprends de quoi il s'agit. Un être vivant, c'est le résultat de toutes ces petites chambres réunies qui forment des tissus, des tissus donnent des organes et les organes fondent l'organisme. Il suffit que les cellules commencent à dysfonctionner, les tissus meurent. Finalement c'est l'organe qui sera malade, et quand tous les organes dépérissent, c'est le déclin de l'organisme. En d'autres termes j'dirai…

— La mort de l'individu, conclut le lauréat du Prix Mark Twain, édition de février 2010.

— Voi-là ! T'y es arrivé, mon pote ! Maintenant réfléchissons : le monde, donc ses habitants, constituent un système. C'est comme un organisme dont les cellules sont les familles. Quand les familles d'une contrée sont en crise, c'est comme les cellules d'un tissu malade, donc tout un pays tombe en crise. Et si toutes les familles du monde capotent, c'est la terre entière qui en prend plein la gueule. Ne vois-tu pas qu'on est entré dans une ère de crise généralisée ? Crise sociale, crise financière, crise morale, crise de confiance… Tout ça, c'est parce que ça brûle dans toutes les familles.

— Donc, à vous entendre, il faudra restaurer l'ordre dans nos familles.

— Exactement. La famille étant un système, ça ne marche que s'il y a de l'ordre : une hiérarchie bien établie et respectée. L'homme en est le chef, la femme sa conseillère principale puisqu'on sait déjà que toutes les décisions appliquées dans les affaires du monde ne proviennent pas que des têtes masculines. Les femmes en écrivent les grandes lignes. Il n'y a jamais de progrès sans cohésion, autrement le chaos anéantira toute la famille. Pourtant les mouvements prônant le genre dans nos foyers ne cherchent qu'à saper l'autorité du mari et foutre la confusion dans les foyers. La chose la plus horrible qui soit dans le monde, c'est quand la femme dispute le leadership familiale à son époux : une personne qui devait te prêter mains fortes pour aller de l'avant se met à te barrer la route. Or si les époux se disputent le commandement, ça devient un être à deux têtes. Comme tout être bicéphale est un monstre, un tel mariage devient monstrueux, et la paix se tire. Connais-tu le nom d'un pays qui s'est déjà développé au cœur d'une guerre ? N'est-ce pas le chaos qu'on y constate ?

Le jeune écrivain continue d'écouter de façon religieuse, le gaillard ajoute :

— J'te le dis parce qu'il faut savoir que quiconque veut t'éliminer le fait en deux étapes : d'abord il devient le mari de ta femme, le papa de tes enfants, l'enfant de tes parents, l'aîné de tes cadets, le cadet de tes aînés, le toi de tes amis, le chef de tes agents, l'agent de tes patrons... Donc il te déguerpit et s'engouffre dans ta coquille. Ensuite il les provoque au duel, ne se bat pas, mais déploie les bras et se laisse poignarder. As-tu compris ? Pas vraiment ? Bon, je te l'explique. Ton ennemi ne te remplacera pas physiquement, mais psychologiquement. Si quelqu'un gouverne les décisions de ta femme, tes enfants, tes employés ou n'importe qui sous ton commandement ; si ceux-ci l'écoutent plus que toi (tu leur donnes un ordre, ils font le contraire parce que quelqu'un d'autre leur en aurait adjuré), sache que t'as perdu gros, tu ne maîtrises plus rien dans ton environnement. Il les dressera contre toi et leur ordonnera de te faire tout le mal qu'il veut, et ils lui obéiront. C'est comme ça qu'il règlera ton compte à distance parce qu'il sait téléguider ton bourreau. La vie d'un homme est un culte, la femme en est le gardien du temple. On n'évaluera jamais le travail qu'elle abat dans sa réussite ou sa chute. As-tu déjà vu un gars réussir avec le couteau de sa meuf planté dans le dos ? Que veulent alors les gens qui montent les gonzesses contre leurs mecs ? Que cherchent-ils, à ton avis ?... T'as pas de réponse, hein ? Eh bien, je m'en veux te dire ce que recherchent ces organisateurs de combat *Ladies versus Gentlemen*. Foutre la merde. C'est tout ce qu'ils cherchent, parce que notre existence sur terre étant un combat périlleux où l'on doit effectuer les douze travaux d'Hercule pour s'en sortir, quand on se bat contre toutes les difficultés du monde et qu'en même temps votre femme vous fait aussi sa guerre, on ne s'en sort que péniblement. Revenons à l'usage de la force pour distinguer le bon du méchant. Là, y a pas de confusion : les bons sont toujours plus forts et les salauds se le croient alors qu'ils ne détiennent qu'une petite force à terroriser les plus faibles. Sais-tu que ceux qui mettent les gens du dehors à leur place ne touchent jamais à ceux de leurs propres maisons ? Ce sont des gars qu'on craint dans la rue tandis qu'à domicile personne n'a la trouille. Mais les faiblards qui se croient puissants s'inclinent devant n'importe qui à l'extérieur et n'emploient toutes leurs forces qu'à martyriser ceux de leurs propres maisons. Des gens incapables de repousser les ennemis pour sécuriser les leurs, mais talentueux à immoler leurs propres protégés. Maintenant que le genre incite les couples à se rentrer dedans, au lieu d'être sage et fort pour lui barrer la route, on exécute son plan visant à sacrifier son propre mariage ! Quel tallent d'autodestruction ! Et c'est pour quel résultat ? Les procès déclarant les divorces, c'est ça l'ordre qu'il est venu instaurer dans le monde ? Faire de toute l'univers un concert des foyers brisés, des mariages en échec, des familles séparées, des enfants qui ne grandissent plus sous un toit unique… c'est ça l'ordre bien instauré ?

Pidosky-la-Parole écoute religieusement son interlocuteur, et son discours ne lui chante que la monstruosité des nos *âmes sœurs*. Pourtant son petit doigt martèle que toutes ne sont pas pourries, qu'il y en a des myriades au caractère aussi agréable qu'un parfum de bonne odeur ; et cela le poussera à en demander un signalement :

— Mon vieux, vous n'avez fait que fustiger le côté négatif de ces êtres qu'à vous croire, les bonnes femmes seraient une race en voie de disparition. Considérant qu'il en reste encore quelques spécimens pures, dites-moi enfin : c'est qui, la femme idéale, selon vous ?

— Une femme idéale, entame-t-il en s'éclaircissant la gorge, c'est celle qui ne se comporte jamais en esclave de son mari, moins encore en une lionne qui le tyrannise par son goût belliqueux et la conquête des libertés artificielles qui sacrifient la cohésion matrimoniale. Elle est cette personne-là, libre comme de l'eau, respectée et respectueuse, qui ne se focalise sur aucun décor soit-il matériel, financier ou social, mais se voit plutôt investie d'une mission : protéger sa famille, fermer la porte à toutes les agressions extérieures, purifier l'intérieur de tous ses démons pour ne bâtir que l'harmonie et le progrès. Elle est celle qui s'engage et se dit sans ambigüité : « Voici l'homme avec qui je passerai toute ma vie. Je construirai ma destinée, gagnerai ou perdrai à ses côtés. Je serai ses lunettes s'il est myope, sa béquille s'il est infirme. Donc je m'investirai dans son progrès, lui servirai de bonne conseillère et lui prêterai mains fortes à chaque fois qu'il aura besoin de moi... » Son mari doit lui rendre la même chose en retour, car les conjoints sont faits pour se protéger mutuellement au lieu de s'entretuer comme des idiots sur incitation d'un ennemi extérieur. Le rôle de la femme est de changer en bien la vie son mari, et celui du mari de faire autant.

— Maintenant, dites-moi ne serait-ce qu'un côté positif du *genre*, après l'avoir tant bombardé ; demande enfin cet avocat improvisé des droits et libertés des femmes.

— Encourager les femmes à travailler, à briser leur complexe sur le plan scolaire et professionnel, à mettre leur savoir-faire au service de leurs communautés... Ce n'est pas mal. Que veulent-ils ? Que les gonzesses soient partout, dans le business et la res publica ? Mais, je m'en branle ! C'est pas mes oignons, ça ! Dans mon garage, y a quatre moteurs qu'il faut retaper d'ici à jeudi, et y en a d'autres qui arrivent. Si une nana se présente pour offrir ses services et qu'elle soit aussi compétente que les gars qui bossent avec moi, pourquoi y trouverai-je d'objection ? Tout ce qu'on cherche, c'est le développement de notre boîte. Y a rien à cirer du sexe de ceux qui se défoncent pour faire tourner la machine. Qu'ils affrètent des cars, passent dans toutes les maisons, collectionnent toutes les dames et en fassent des reines, présidentes de la république ou des cours et tribunaux, chefs d'état-major, chefs d'entreprise ou mouvement quelconque, armatrices, etc., je ne m'y opposerai pas, tant qu'aucun homme ne sera jeté à la mer pour ça. N'oublie surtout pas que la femme peut s'habiller en homme, avoir une barbe ou même se marier à une autre femme, elle n'éliminera jamais ce qui lui est naturel comme avoir des règles, porter la grossesse ou ressentir des douleurs d'accouchement. De même qu'un homme peut porter des jupes, se tresser les cheveux, ou encore épouser un autre gars, il n'arrivera jamais à tomber enceinte, allaiter ou souffrir d'une maladie spécifique aux dames. La nature a reparti des tâches et tracé des barrières qu'on ne franchira jamais malgré les transformations socioculturelles. Voilà pourquoi je dis au genre de faire ce qu'il veut de nos femmes, mais, mais, mais... de ficher le camp de nos mariages parce qu'on n'y veut pas de lui. »

Ils causent encore un moment, puis une bête électronique se met à se débattre dans son pantalon comme pour se libérer d'un piège. Son aine se convulse et son bassin droit vibre à la foulée. C'est un coq carillonnant une musique classique tintée de techno, un chien de garde alarmé qui aboie, dénonçant du fait l'intrus : une onde-émissaire ayant semé le nom de qui l'a envoyé à l'écran. Mopanga-Boyokani s'excuse auprès de son vis-à-vis, glisse la main dans la poche, tire un téléphone portable et parle une trentaine de secondes avant de raccrocher.

— Eh bien, mon pote, dit-il ensuite, ça a été un réel plaisir de te croiser, et notre débat était intéressant. Mais j'suis obligé de te quitter. Y a un autre ami en danger, on vient juste de me le signaler. Il s'appelle Dime. C'est juste un ado. Il est orphelin complet et sans défense. La faiblesse est un handicap, mon pote, et la sienne a donné des arguments à tous les petits durs pour le brimer à vie. Ils sont encore là, devant sa petite maison pour accomplir cette basse besogne. Et comme il n'a personne pour assurer ses arrières, j'dois me dépêcher sur les lieux afin de donner une sacrée leçon à cette bande de petites canailles. Au revoir, mon pote ! Bonne chance à ta carrière d'écrivain et bonne lecture à ceux qui te liront ! Bye-si-bye !

SACRÉ MONDE POURRI !

Un vent calme balaye la terrasse, mais les buveurs s'agitent comme des fous. On les dirait manipulés par l'alcool qu'ils ont avalé comme des éponges, pourtant ces échauffourées ne résultent pas de l'ébriété. C'est la radio qui annonce la mort de Der Outstanding, le plus grand savant de tous les temps.

— Sacré collision !, exalte un homme à la barbe rasée de près. Si cet arbre n'existait pas, il faudrait l'inventer. »

— Putain de merde !, s'oppose un autre totalement velu. Si je savais que ce maudit manguier télescoperait sa voiture, je le couperais avant qu'il ne commette son crime.

Et les autres buveurs s'en mêlent, et le bar se transforme en parlement. Les pros et anti illustre disparu s'accablent d'insultes. Dans la foulée, Monsieur Canaille, dont le nom scientifique est dix pourcent humain et le reste animal, rompt les rangs puis avance vers le camp opposé. C'est depuis des décennies qu'il manifeste dans la rue où tous les droits s'obtiennent moyennant coups de gueule et cocktails Molotov. Sa poitrine taillée à la Robocop et ses bras aussi gros qu'un tronc d'arbre n'ont jamais loupé l'occasion de servir la cause héritée de ses chers aïeux. Bien que son effrayante tête de fauve soit fichée dans tous les commissariats, personne n'a jamais pu lui passer les menottes. A considérer que plusieurs policiers portent des bleus semés par ses coups de poing sur le visage, il faudra un sacré dispositif pour maîtriser un tel dur. Heureusement que cet après-midi le colosse n'a pas encore l'intention de casser sa gueule à Moi XXVII – mon descendant de la vingt-septième génération – parce qu'il la réduirait en bouillie d'un seul crochet. Il le toise avec mépris puis lui crache quelques mots au visage : « Je sais que t'es jamais content de ce gars, mais je t'interdis de dire du mal de lui. Tu devras plutôt adresser un message de condoléances. T'as compris ? »

— Quoi, avec tout ce qu'il a fait ?, boude mon arrière petit-fils l'air plus entêté que jamais. Il a déshumanisé la race humaine et tu veux qu'on lui jette des fleurs ? Non, jamais je ne pourrai faire une chose aussi...

— Une chose aussi quoi ?, gronde le gaillard porté du coup sur les nerfs. Déshumanisé, déshumanisé ! Ça fait très longtemps que ce monde est pourri, et ça ne vient pas de nous. Vos pères avaient foutu toutes les merdes du monde et t'as pas bronché sur ça. Crois-tu que je te laisserai nous narguer de la sorte ?

Les partisans du costaud applaudissent pendant que la minorité pétrifiée derrière le descendant des enfants de mes petits enfants maugrée sous cap. Il a toujours été ainsi lorsqu'il s'agit du grand scientifique et son œuvre. Une majorité écrasante se vante de ses travaux, au grand damne de l'infime minorité qui regrette impuissante que leur monde ne soit plus c'est qu'a été celui de leurs lointains ancêtres. Mais, en fait, pourquoi ce clivage ? Pourquoi Der Outstanding suscite autant de polémique ? Qui était cet homme que pleurent les neuf dixièmes de la population pendant qu'une petite poignée de réfractaires s'en réjouit, affirmant même qu'il a payé pour ses crimes odieux ? Cernons avant tout le contexte et nous comprendrons le pourquoi de cette impitoyable animosité.

Nous sommes en 2160. Bien que la terre ait toujours quarante mille kilomètres de diamètre, il n'y a pourtant plus rien à voir avec l'époque où mourut Kester Emeneya et la coupe du monde organisée pour la deuxième fois au Brésil. Pour preuve, il y a trois ans qu'une jeune femme s'était stupéfié en voyant une photo de ses aïeux prise en 2035 : « Ah bon, c'est comme ça qu'étaient les hommes du Cro-Magnon ! » Oui, c'est vrai qu'à comparer ce qu'ils sont devenus avec les géniteurs des géniteurs de leurs géniteurs, on dirait qu'on aurait changé d'ères géologiques car, en cette année 2160, les contemporains de Larry Page et Sergueï Brin qui croyaient atteindre les sommets du développement et rêvaient de fabriquer des hommes sur commande grâce au clonage, ces disciples de leurs maîtres Einstein qui fit du noyau atomique un poly cotylédon et Bill Gates qui leur tissa des toiles ayant occis la poste ; tous ces gens qui croyaient détenir les records du progrès ne sont plus regardés qu'en primitifs, au même titre qu'eux-mêmes regardaient les pithécanthropes manipulant des pierres polies dans leurs grottes. S'ils vivraient plus longtemps pour voir ce changement de monde, ça leur couperait le souffre.

Enfin le village planétaire cesse de n'être qu'un vers de poésie bien raffinée. C'est désormais un pays unifié, avec toutes les langues fondues en une seule : la Dernière République Chaotique Mondiale, la DRCM en sigle, subdivisée en une constellation de provinces comme celle du Kung Fu dont le chef-lieu est Pékin, Pétrole avec Dubaï comme siège des institutions régionales, Cow-boy avec New York comme capitale provinciale, Carnaval dont le gouverneur vit à Rio, Coupé-décalé avec Abidjan comme centre administratif local, Tour Eiffel dont la préfecture abrite le célèbre monument, la Province de la SAPE avec Kinshasa comme chef-lieu, Samouraï dont la capitale est Tokyo et ainsi de suite. Une république ayant pour devise *chaque race pour soi* pendant que la rue s'inonde de ceux qui scandent son principe fondateur : « Tolérance tous azimuts ou rien ! »

La monnaie constitue le commun centre d'intérêt pour les farouches ennemis parce que tous regardent dans sa direction et rêvent de l'avoir. C'est seulement le refus de se le partager qui déclenche les guerres. Cela se confirme dans ce bas monde puisque, malgré les tensions communautaires, la terre est devenue monothéiste, avec les pères autoproclamés gourous pendant que les enfants ne veulent plus de médiateurs, contestant le fait que Dieu ne parle qu'aux salariés et veulent accéder directement à l'arche de l'alliance pour y traiter seul à seul avec ce maître du monde dont le nom est l'argent.

Moïse avait demandé de voir le visage de Jéhovah sur une montagne ? Eh bien cette fois-ci chacun voit par transparence le fil de sécurité sur les billets de banque. On disait dans le temps d'éprouver les esprits pour savoir s'ils venaient de Dieu, en ce moment on vérifie l'authenticité des coupures pour s'assurer que ce n'est pas de la contrefaçon, parce que les esprits impurs – entendez les faux monnayeurs – jouent au Satan dans ce spectacle des dupes. Le nouvel évangile consiste en des cours d'économie dont le premier chapitre apprend aux gens à classer des billets en liasses de vingt-cinq avant qu'ils ne sortent des lieux très saints : les banques. Je dis lieux très saints car il ne faut pas s'en douter. Ce sont des lieux très sains puisque débarrassés des démons – voleurs, braqueurs et escrocs – pour permettre aux fideles, les hommes d'affaires, de rendre un culte pur et agréable aux yeux du tout puissant pouvoir d'achat en achetant des actions. Les chérubins de cette époque qu'on appelle agents de sécurité veillent au grain. Armes en bandoulière et lunettes infrarouges au visage, ils identifient avec précision ce qu'on porte sous la chemise, à l'instar de Dieu qui sondait les cœurs dans les religions d'antan en vue de séparer le bon grain de l'ivraie. Eux, ils déclarent impurs ceux que démasquent les détecteurs des métaux.

En 2160, les rares personnes adorant encore dans les églises sont traités de rétrogrades. Désormais reclus, ils rappellent un certain Jean-Baptiste criant dans le désert et affirmant de n'être qu'une voix annonçant l'arrivée du messie. Eux aussi, néanmoins leurs prédécesseurs, avaient fait la même chose en se passant pour des visionneurs annonçant l'avènement de cette idole attirant toute dévotion sur terre. Ils ne leur ont parlé que de l'argent et voici maintenant ce messie imposé, tous les paroissiens se sont tirés pour le suivre, exactement comme ça s'est passé quand le baptiseur avait dit à ses disciples : « Voici l'agneau de Dieu qui ôte les péchés dans le monde ! » Dans les siècles passés, les pasteurs, par une alchimie poétique qu'on captait en filigrane, disaient réellement : « Voici le Dieu en personne qui ôte la crise et remplit les poches dans le monde ! » Quoi de normal que les gens les aient laissés tomber puisque l'évangile de la prospérité se prêche désormais dans les institutions financières où les brebis se font tondre par des courtiers aussi véreux que les marchands de *lipamboli*[12] d'antan. Il ne reste plus qu'à savoir si ces banquiers n'auraient pas, par opportunisme, transformé leurs tabernacles en maison de change. Bah, là n'est pas les oignons de nouveaux convertis ! Tout chercheur des sous s'abstient de philosopher sur la personne de celui qui lui ouvre la bourse. Seuls quelques nostalgiques attachés à la piété disparue ne cherchent qu'à savoir où

---

[12] Bénédiction en lingala classique.

Jésus aurait planqué le fouet ayant servi au temple de Jérusalem.

Ceci dit, le dieu de ces décades n'est pas éternel parce qu'on le démonétise dès qu'un énorme trou serait creusé dans la réserve nationale ou qu'un groupe de « païens » aurait fabriqué des copies ressemblant comme deux gouttes d'eau aux vraies coupures. « Le roi est mort, vive le roi ! », le peuple traite l'ancienne monnaie d'idole dont l'autel – exactement hôtel de monnaie – se voit boudé aussitôt. Idem pour le grand prêtre. Le directeur de banque qui n'accorde pas de taux d'intérêt assez élevé est viré illico. Ses médiums, les charmantes caissières faisant les yeux doux au guichet, ne verront plus jamais personne consulter leurs oracles : ces notations boursières des indices *Pognons, Pecunia, Cash, Lar* etc. qui ont remplacé les *Dow Jones, CAC 40, Nikkei* et consort. En ce moment, Dollar, Euro, Livre Sterling, Franc CFA et même Franc Congolais forment l'ancien testament qu'on lit aux catéchumènes à titre d'information sur l'ancienne alliance. Le nouveau messie devient la coupure ayant la plus grosse valeur faciale de la monnaie en vigueur. C'est la plus grande onction d'huile qu'on puisse vous appliquer pour être béni. D'ailleurs *epakolami*[13], n'est-ce pas ce qu'on dit de l'argent depuis l'an 2000 ?

En 2160, plus rien n'est perçu comme trop osé car toutes les barrières semblent avoir tombé, à l'image de ce prospectus que vient de présenter un garçon de huit ans à son père qui ne cacha pas son intérêt :

Festival Eve à louer

---

[13] Terme signifiant du cash en Lingala familier.

Ce samedi à 16 heures, sur la place de la
ville, venez tromper votre épouse avec des
milliers de charmantes et chaudes
demoiselles mises à votre disposition pour
peu d'argent seulement.
Tenue d'Adam exigée.

Ne rigolez pas. Quand on dit que le monde a pété les plombs, ce n'est pas une histoire à dormir debout. C'est dans les faits qu'on le déplore. La connaissance ayant atteint les sommets inimaginables, le pays n'est devenu qu'un vaste champ d'espionnage où tout le monde surveille tout le monde en envoyant des nano caméras de fabrication personnelle orbiter furtivement autour des personnes à épier. Particulièrement cet espionnage n'a plus des raisons sécuritaires mais surtout voyeuses. Et par ironie du sort, la police est à son tour espionnée par des bandits s'enquérant de leur déploiement sur terrain afin de cibler les endroits en mal d'agents et y opérer en toute sécurité.

La légèreté des mœurs ayant atteint son paroxysme, la pudeur déjà assassinée à l'avènement de l'Internet va en enfer. Ainsi, sachant qu'on ne se cache plus lorsqu'on se lave, change ses vêtements ou satisfait des besoins naturels parce que regardé par le compatriote vivant à l'autre bout du village mondial, personne ne censure les parties de son corps que les autres doivent ou jamais voir. On leur offre gracieusement toute l'intimité que les mariés ne réservaient autrefois qu'à leurs époux. Chacun se glorifiant d'avoir lancé une des pierres ayant liquidé Madame Moralité, la pornographie se débarrasse de l'enseigne la proclamant interdite aux moins de dix-huit ans. Chacun en poste dix vidéos par semaine dans les réseaux sociaux et les parents ne bronchent pas.

D'ailleurs les maisons de tournage sont à domicile où papa, maman et enfants sont acteurs, les cousins germains étant les premiers acheteurs des DVD et les meilleures productions remixées en *featuring* avec les fans les plus captivés dans cet univers à poil.

Quant à l'homosexualité qui avait obtenu son quitus au début du XXIe siècle, on fera le ridicule en relançant un tel débat. Chacun sait que tout est permis, que tout ce qui ne rapporte pas du cash n'est pas utile. On ne tique donc jamais en voyant un homme s'appeler *Madame untel* ou une Chantal se dire *Monsieur* parce que Laetitia, son épouse, se dirait la seule dame de la maison. En 2160, ces genres d'unions relèvent du culturellement correct vu que les statistiques déclarent les mariages hétérosexuels en voie de disparition. Avec treize pourcent seulement sur l'ensemble de noces enregistrées à l'état-civil, les adeptes du couple homme-femme organisent des marches et sit-in pour obtenir le départ de cet « enfoiré » de maire qui refuse de célébrer leurs unions, et monsieur Canaille conduit des expéditions punitives servant à remettre à sa place toute « saleté » de donateur mettant de l'argent pour soutenir des telles initiatives. Quelqu'un d'autre à vilipender, c'est le journaliste qui jure dans ses shows que ces genres de relation sont contre-nature et obsolètes. « L'enfoiré de mec et la putain de nana qui copulent doivent quitter incessamment la ville ! » A-t-il l'habitude d'haranguer sous les applaudissements d'un public enthousiaste.

« Des progrès sans précédant ! », avait titré le quotidien *Terre complètement dingue*, le plus grand du pays qui tire à cent nonante milliards d'exemplaires et dont la particularité consiste à faire l'apologie des travers de la société. Des jeunes gens y relatent leurs exploits d'avoir liquidé trente millions de couillons de l'autre race avec une bombe atomique fabriquée dans un devoir à domicile, pendant que les mariées se vantent d'avoir trompé leurs époux avec quatre-vingt-neuf amants dans la semaine. Un prix hebdomadaire est même décerné à l'auteur de l'acte le plus fou dans ce pays où le déraisonnement tient lieu de sagesse.

Oui, les progrès sont sans précédant, en bien comme en mal, et chacun les accomplit avec professionnalisme. Pourtant personne dans ce grand microcosme n'égale le prestige de la plus grande figure nationale, celui dont les monuments ornent les édifices publics et toutes les grandes coupures de la monnaie nationale portent son visage en effigie. Der Outstanding, c'est le plus grand révolutionnaire que la terre ait connu. A ses côtés, Louis Pasteur, Michael Jackson, Bill Gates, Martin Luther King, Einstein, Mandela, Obama, Voltaire, Newton, Mark Zuckerberg, Lumumba, Robin des Bois, Flemming, Avicenne, Luruma, Jenner, Robert Koch, Luc Montagnier et consort ne sont que des nains en matière de popularité. Là, il n'y a pas photo. Cet homme a réalisé ce que personne d'autre n'a réussi à faire depuis le règne tordu du grand-père Australopithèque.

Super Lord Ousty, comme certains l'appellent et d'autres jamais, avait reçu dix prix Nobel pour ses grands travaux dont le premier consistait à humaniser les animaux, à transformer les êtres vivants en organismes génétiquement modifiés, à harmoniser les chromosomes en les rendant compatibles de façon à ce que l'humain ait une descendance avec la bête. La majorité civique et la maturité sexuelle en étant ramenées à sept ans pour la nouvelle race, quelqu'un de vingt et un ans aura un arrière-petit-fils parce que marié à sept ans, son enfant lui donnera un petit-fils le jour de son quatorzième anniversaire et que ce dernier lui présentera sa descendance à l'âge où l'on accomplissait trois ans d'université au siècle de Nelson Mandela. Pourquoi s'étonner lorsqu'une lionne fait des lionceaux à l'âge où les humains perdent leurs dents de lait ? Pourquoi ces gens ayant subi des mutations similaires ne les égaleraient pas en prouesses ?

Avec ces progrès sans précédant, les accouchements deviennent de portées de six voire dix enfants, et tout le pays dit merci au Father Ousty parce que la population grimpe à mille deux cents milliards d'habitants et les villes s'étendent en discontinue d'une extrémité à l'autre de la terre ferme. Il suffit maintenant de prendre sa voiture à Kinshasa, on ne trouvera que des maisons alignées le long du bitume, sans remarquer le moindre espace vert ni de pancarte signalant la sortie d'une ville et l'entrée dans une autre, jusqu'à atteindre sans coup férir Maputo ou Johannesburg. Seuls les grands obstacles naturels comme les mers, les grands lacs et les rifts séparent encore les nouvelles mégalopoles, mais rien ne dit qu'avec l'accroissement démographique les gens ne les prendront pas d'assaut dans dix ou vingt ans comme ils viennent de le faire avec les hautes montagnes aux neiges fondues par la canicule. L'Himalaya, les Andes, le Kilimandjaro et les autres de cette famille sont à présent réduites à des plateaux d'à peine huit cents mètres d'altitude et, avec du sable recueilli, on a gagné des centaines de millions de kilomètres carrés sur les océans.

Déjà en 2140, les océans Atlantique et Indien avaient perdu leur statut de mer pour devenir des canaux d'à peine trente fois la largeur du fleuve Amazone. Seul le pacifique résiste encore malgré qu'il ait déjà cédé une bonne partie de son étendue et n'ait plus que la superficie de l'Atlantique de 2010. Sûrement qu'à la fin du siècle, lorsque le pays sera peuplé de quatre mille milliards d'habitants, chacun de ces étendus d'eau cédera encore la moitié de sa superficie et les gratte-ciels deviendront de nouvelles Tours de Babel aux toits cachés dans les nuages pour éviter l'envahissement de la terre déjà remplie.

A propos des races, les contraintes sociopolitiques ayant tyranniquement dicté leurs lois à l'époque où vivait le Président Kennedy et ses frères à la fois jumeaux et ennemis, à savoir Malcom X et son parfait cousin, le rêveur prémonitoire de *I have a dream*, faisaient qu'une personne née d'un couple *black and white* se déclarait nègre en Amérique par exclusion des uns et solidarité avec les autres, puis blanc au Brésil par choix d'un statut social beaucoup plus avantageux. Logiquement une telle personne se trouve à cheval entre les deux races et ne devrait nullement se prévaloir d'aucune en exclusivité parce que n'étant jamais rien à cent pourcent. Si ce métis manquerait d'attachement intégral à une des races établies par les anthropologues, que dire alors d'un enfant dont le père est issu d'un couple sino-ivoirien et la mère anglo-guatémaltèque, considérant qu'il porte vingt-cinq pourcent du sang blanc et la même proportion pour les autres races prises individuellement ?

Poussons la migraine encore plus loin et imaginons un scénario beaucoup plus ahurissant faisant que cet enfant portant déjà les quatre races dans son sang se marie avec quelqu'un dont le père serait issu d'un couple de papa saoudien et de maman fidjien, et que sa mère descendrait d'une union entre un djiboutien et une indienne. Quelle race attribuerait-on à leur rejeton, sachant qu'il serait à douze et demi pourcent bantou, nilotique, amérindien, sémite, chinois, hindou, anglo-saxon et mélanésien ? L'appellera-t-on nègre pour ressemblance à un angolais, peau rouge parce qu'on le croirait mexicain du Chiapas, blanc comme David Beckham, Han aux allures d'un personnage du *Temple de Shaolin*, arabe à l'image des bédouins, ressemblera-t-il aux aborigènes de l'Australie ou aura-t-il le faciès des enfants de Mère Teresa à Calcutta ?

Les racistes de l'an 2000 savaient tout ce qu'il fallait pour marginaliser les autres mais ignoraient qu'avec la mondialisation, les gens se rapprochaient, les sangs se mêlaient et les races tombaient en désuétude. Une telle personne n'aurait logiquement aucune classification, sinon d'*être humain,* point barre, parce que dépourvue de race précise. Malheureusement l'absurdité des gens ayant vu naître facebook et twitter lui en collera une et l'y enfermera pour l'exclure ou se l'approprier. Sacré monde de merde ! Les XXe et XXIe siècles avaient lamentablement échoué sur cette question pendant que nos enfants du XXIIe sont sur le point de la résoudre avec brio. Les races du passé se mixent dans un mélange homogène comme il résulte d'une mixtion d'eau chaude avec du café, du sucre et du lait.

On applaudit, mais là n'est pas encore le génie du Grand Suzerain Ousty. Ces gens y sont parvenus tous seuls, simplement téléguidés par un amour aveugle. On a juste constaté que dès 2080, les noirs s'étaient massivement mariés à des blancs, des jaunes avec des amérindiens et ainsi de suite. Leurs rejetons se sont croisés aléatoirement jusqu'à ce qu'une bonne frange de la population terrestre portât à peu près un pourcent du patrimoine de tous les peuples dans leurs gènes. Soixante-onze pourcent de l'humanité s'étaient enfin affranchis des clichés criant aux sal negro, putain de toubab, enfoiré de peau rouge, bougnoul de merde, chintock de rien, et j'en passe ! Ils avaient acquis une race tampon difficile à circonscrire.

Les coups de maître du Seigneur Outsy ne débutèrent qu'en 2094 lorsqu'il injecta sur le marché de la civilisation une nouvelle race d'animaux à quarante-six chromosomes capables de parler, raisonner et draguer les filles des hommes pour enfanter les premiers nouveaux métis. Du coup, tous les hommes avaient oublié les petites différences de mélanine pour lequel ils avaient rempli le temps à s'entretuer. Sacré Ousty ! Il avait à lui tout seul résolu le vieux problème ayant pourri le monde de ses ancêtres avec des traites de noirs, croisades, djihads, purifications ethniques, génocides, holocaustes, cris de singe dans les stades, apartheid, ségrégations, immigrations choisis et machins. Comme par enchantement, tous les humains s'étaient déclarés semblables et égaux et avaient formé un bloc pour aller à l'abordage de l'autre race : les animaux humanisés. Le nouvel apartheid était né, les tensions ethniques aussi ! Ne croyons surtout pas que ce qui fait que MM. Canaille et Moi XXVII se regardent en chiens de faïence soit un débat d'opinions de droite ou de gauche ou encore un clash religieux. Là, tous sont logés à la même enseigne qu'ils pratiquent la religion du lucre et partagent les mêmes valeurs d'immoralité à outrance. Leur pomme de discorde est une question de couleurs qui se discutent parce que tous n'ont pas le même goût. L'un est un animal humanisé et l'autre humain de souche. On y reviendra, mais parlons encore de l'homme qui leur avait débroussaillé ce champ de bataille.

En 2096 Sir Der Outstanding reçut son deuxième Prix Nobel grâce à une injection administrée aux femmes devant permettre à leurs fœtus de choisir, depuis le placenta, son phénotype en déroulant simplement un menu apparaissant dans l'utérus. Son extraordinaire réalisation avait permis de régler une affaire judiciaire en 2130. Un homme au visage de tigre demandait le divorce parce que sa femme au visage humain venait de donner naissance à un enfant au faciès de chameau. La police scientifique avait juré sur la tête de Mendel que le nouveau-né avait simplement opté pour la dominance génétique de son arrière-grand-père. C'était un chameau ayant épousé une native de la Province du Zouk, chef-lieu Guadeloupe-Martinique. Leur enfant, le grand-père de l'épouse mise en cause, ayant le visage d'un riverain du Nil et velu comme un dromadaire avait épousé une métisse née d'une chèvre et d'un habitant d'Amazonie qui avait des ancêtres lamas. C'est la fille de ce couple qui épousa un charmant beau gosse né d'un couple coyote et un ancien planteur du Mississipi qui enfantera la mère de cet enfant devenu un sujet à polémique, simplement parce que de toutes les gueules ayant posé leurs candidatures pendant qu'il portait son choix dans le ventre de sa mère, seule le look du chameau l'avait séduit, et il l'avait élu sans tarder !

En 2097, l'homme au talent vertigineux avait raflé une autre mise du côté de Stockholm en mettant au point la pilule thermo-adaptateur conférant le pouvoir de résister à des températures excédants cinq cents degrés Celsius que le réchauffement climatique venait d'offrir au pays-planète en cadeau mortel. Ce sera le seul produit made by Ousty qui fera l'unanimité dans le pays. Le soleil s'était déchaîné pour anéantir toute vie sur terre, celle des humains de souche comme des animaux humanisés et leurs hybrides, Ousty les a tous sauvés, sans discrimination aucune.

Six autres Prix Nobel seront empochés par cet homme que la grande majorité qualifie de don du Grand Dieu alors que la petite minorité regroupée au sein du parti conservateur de la pureté humaine – ces gens qui refusent tout mariage interracial et tuent frères, sœurs et enfants embarqués dans une relation aussi désastreuse à leur goût – le traite de diable du temps de la fin. Mais Ousty les emmerdait tous et neuf appela dix. Son chef-d'œuvre sera celui qui fera l'objet de sa dernière récompense obtenue en 2103. Les animaux humanisés et leurs sympathisants humains ayant décidé d'euthanasier le mariage, surtout dans sa version hétéro, exigeaient le meilleur moyen pour faire des enfants sans contracter le moindre rapport sexuel, et le Shogun scientifique leur produisit la *Végéta 16* : un perfectionnement de l'ADN du bananier vendu en capsules de 500 mg et administré matin et soir pendant cinq jours pour doter les capacités de bourgeonner.

Enfin la scissiparité humaine ! Le *Crazy Biological Report*, la célèbre revue scientifique, écrit que durant les cinquante dernières années soixante-quinze pourcent de naissances enregistrées dans le pays ont consisté en enfants monoparentaux et qu'aucun gamète n'a pu participer à leur conception. A bas les parthénogénèses, gynogenèses, inséminations artificielles, bébés-éprouvette, méioses, cellules haploïdes et tutti quanti ! Qu'ils aillent au diable parce qu'on est devenu des amibes géantes ! Tout commence par une excroissance dans le corps, puis le bourgeon se détache, produit ses organes manquants et s'autonomise.

La découverte fut qualifiée de plus grande réalisation de tous les temps et le peuple éleva son auteur au rang de *dieu visible*, celui qui fait les hommes à l'image de ses tubes à essai. Pourtant Outsy déclarait qu'il manquait encore quelque chose de très important et souhaitait le découvrir pour éviter un malheur sur ses consommateurs. Les humano-humains crièrent au scandale dans une déclaration lue par leur porte-parole à la télé pendant que les animaux humanisés et leurs alliés portèrent un toast, et le monde scientifique se contenta d'applaudir. La revue *Grandeurs*, la *Forbes* de ce moment, l'avait déclaré l'homme le plus riche et puissant de la planète avec ses trois cent mille milliards d'universels, la monnaie nationale. Signalons qu'un universel se changerait contre huit cents dollars du 2013.

Voilà ce qu'est devenu la Dernière République Chaotique Mondiale en 2160 ! Et dire que ces sacrés descendants aient admiré puis imité les ancêtres des siècles précédents dans leur hargne à déboulonner les valeurs morales et à transformer le progrès en saccage pur et simple de la planète ! Dire encore que le Chevalier Ousty tombât à point nommé pour leur offrir cette opportunité de recréer le monde au gré de leur folie !

« Ousty le pain béni ! », chantent les uns. « Ousty le maudit ! », martèlent les autres. Et les échauffourées de la taverne finissent dans la rue, les partisans gonflent les rangs. « Tout s'arrête aujourd'hui ! », scande-t-on alentour. « Les humains de souche sont les vrais maîtres de la terre, et nous ne laisserons personne nous voler notre légitime domination ! », lancent les partisans de Moi XXVII. « Pas question !, rétorquent les foules massées derrière Monsieur Canaille. Nous, animaux humanisés, hybrides et alliés, sommes plus nombreux.

La démocratie oblige, c'est maintenant qu'on doit enfin élire un président à la tête de ce pays qui n'en a jamais connu. Choisissez-vous un candidat qui puisse affronter notre cher leader M. Canaille, maintenant que Sir Ousty a tiré sa révérence. Les urnes ou la bagarre ! »

« Ouais ! », harangue le Canaille en soulevant les foules avec ses bras levés à l'instar d'un catcheur américain. Un boucan s'étend de son dos jusqu'aux confins de la terre, appelant au rassemblement de tous les militants du parti démocratique métissé et alliés. Moi XXVII évalue ses troupes. Il y en a des millions qui arrivent aussi, mais leur nombre ne vaut même pas un dixième des opposants en face. La lutte est perdue d'avance. A coups de poing, armes ou avec des bulletins de vote, ils ne valent pas le coup. Depuis toujours la minorité totalement humaine s'est accaparée les postes ministériels pendant que les législatifs ne leur ont été que des tsunamis électoraux avec quatre-vingt-douze pourcent des sièges allant à l'opposition. Le parlement avait passé des lois autorisant de manger toute viande terrassée en duel et à mains nues. Heureusement que les vétos opposés par Ousty, l'autorité morale du pays, en avaient empêché l'exécution. Les autres dotés des capacités bestiales héritées des ancêtres lions, léopards, tigres, éléphants, requins, pumas, pythons et autres n'en feraient qu'une bouchée puisqu'ils sont plus robustes et endurants. Le savant totalement humain avait veillé au grain, utilisant son influence pour imposer la gente humano-humaine à l'exécutif, mais malgré cela, les *homos sapiens naturalis* le détestent pour avoir doté leurs ennemis des moyens consistants pour les anéantir. Maintenant qu'il a disparu, les choses ne seront plus comme avant.

Les foules se massent plus compactes dans ce dernier champ de bataille de l'histoire mondiale. A l'absence du consensus, on affûte les armes. Monsieur Canaille lance un autre cri de guerre relayé par la foule à son dos. Quelqu'un sort du groupe et essaye de charger, mais son leader le retient par un bras latéral. « Ce n'est pas encore le moment, calme-t-il de sa voix horriblement féline. Qu'ils acceptent d'abord notre déclaration de guerre, on les écrabouillera ensuite. Cette saleté de race humaine s'éteindra, nous transformerons alors les villes en brousses pour reprendre la vie animale comme au pliocène. » Le jeune homme acquiesce par un signe de tête puis regagne sa place. Moi XXVII recule d'un soubresaut et les gens d'en face lisent la peur sur son visage. Les trente milliards d'apeurés derrière son dos espèrent qu'il les sauve du naufrage, mais il sait qu'il n'y a rien à faire. Le désastre paraît inéluctable. Voilà pour la toute première fois qu'il regrette d'être né homme et leader de sa race. Il aurait aimé vivre du temps de ses ancêtres, mais...

« Qu'ils étaient heureux et odieux !, se dit-il en réalisant que le casse-tête en face résulte de l'ingéniosité irresponsable de ses anciens à dénaturer la vie par des prouesses scientifiques et des lois permissives. Eux ne roulaient que pour le fric et la folie des grandeurs sans se soucier des calamités qu'ils allaient nous laisser en héritage. Voilà qu'ils ont produit Ousty ! Sans blague, l'homme n'est qu'un dieu fou qui perfectionne son propre chaos. Il tue sa propre espèce par ses exploits bidon. Et maintenant que la création s'apprête à dévorer son créateur avec les dents qu'il lui a dotées, au lieu de rester cueillir les fruits de leur labeur, ils se sont contentés de mourir en nous léguant l'apocalypse. Que c'est drôle que les uns frelatent le vin et que les autres se saoulent intoxiqués ! »

Il se triture encore la pensée pendant que Monsieur Canaille menace d'attaquer dans dix minutes. Les humains de souche entament leur prière, mais Moi XXVII n'en fait qu'à sa petite radio collée à l'oreille. Dès que le compte à rebours descend à cinq, il lève la main. « Qu'as-tu à nous dire ? », demande alors le coriace mi-homme et grandement animal sous un climat de grand silence improvisé. « J'accepte les élections, à la seule condition qu'aucun coup ne soit échangé aujourd'hui entre nos troupes ! », articule le chef du parti des humains.

- Bon, je te l'accorde ! Approuve le redoutable Canaille. Laissons à la commission électorale de trouver la date et le mode du scrutin.

Les animaux humanisés crient victoire puis se dispersent. Comme chacun conservant un bagage de ses ancêtres, les uns sprintent comme des chevaux, d'autres nagent à la vitesse du requin, un troisième groupe s'envole pour rentrer chez soi, pendant du côté humain on descend sur terre. Le soulagement d'une catastrophe évitée cède enfin la place à une rage diligentée contre ce leader maladroit qui n'a fait que reporter l'hécatombe. Quelqu'un lui dit sans ambages qu'il n'a rien à se prévaloir d'un héro parce qu'il n'a fait qu'ajourner le carnage. Les ennemis éliront Canaille à la tête de l'Etat puis mettront la main sur tous les sièges ministériels et parlementaires pour appliquer leur politique. Moi XXVII écoute religieusement puis sourit.

« Tranquillisez-vous, mes amis, car la situation se décantera d'elle-même dans les années à venir, harangue-t-il l'air très confiant. Je viens juste d'apprendre par la radio que des documents trouvés dans le bureau d'Ousty jouent en notre faveur. En vérité, la *Végéta 16* détruit au préalable les organes reproducteurs avant d'enclencher le processus de bourgeonnement. Quant à ce fameux bourgeonnement, il cesse lui aussi dans les dix années suivant son déclenchement. C'est la raison pour laquelle beaucoup d'animaux humanisés ne donnent plus de rejetons. Le savant s'évertuait à y trouver une panacée, mais la mort l'a surpris sans avoir atteint son objectif. Cela dit qu'on sera les seuls à procréer puisque tous nos ennemis ont suivi cette abominable cure. Ils avaient décidé de nous exterminer par la violence, et voilà que leur propre arme les liquidera sans que personne ne leur ait porté le moindre coup. Voulez-vous récupérer notre monde et revivre comme du temps de nos ancêtres ? Eh bien, soyons patients. Laissons-les gagner toutes les élections et diriger le pays jusqu'au dernier. Ils passeront tous sans faire des enfants et la terre retournera à la domination humaine… avec ses vieux problèmes, bien entendu. »

— Comme le racisme ? Demande un jeune homme attentif.

— Hélas oui, reconnaît le leader avec amertume. C'est triste, mais c'est ça notre sacré monde pourri qui n'est qu'un scénario basé sur le conflit. On s'ennuie sans rivalité qui donne un sens à l'existence. Toute vie ne se construisant qu'autour des stratégies servant à gérer les crises, on fait un bloc pour lutter contre un ennemi commun. Mais dès qu'on l'aura vaincu, les anciens alliés se rentreront dedans les regards orientés vers d'autres conflits tirés du chapeau. Je suis heureux de constater que malgré nos petites différences amplifiées du temps de nos aïeux, noirs et blancs, juifs et musulmans, hindous et bouddhistes, Seleka et Anti Balaka, Tutsi et Hutu,

Kinois et Brazzavillois ont fait *un* pour lutter contre les animaux humanisés. Malheureusement lorsqu'on aura éradiqué passivement cette race prédatrice, on entendra encore les gens crier au sale nègre, sale juif, sale musulman, saleté de chrétien, putain de magrébin, maudit visage pâle, etc.

— Hum, c'est vraiment idiot, tout ça ! Admet une jeune femme à la peau métissée mais à cent pourcent humaine. Comme entre deux maux il faut choisir le moindre, finissons avec ces envahisseurs qui menacent de nous dévorer à tout bout de champs. C'est mieux d'entendre dire *sale nègre* que *pauvre humain bon pour mon estomac !*

— Oui, elle a raison, cette sœur ! Appuie un chahut d'approbation. Tous contre ces méchants, et on réglera nos problèmes raciaux comme les ancêtres le faisaient parfois avec certaines réussites ! S'accorde ensuite le groupe.

Cinq minutes d'acclamations attestent l'unanimité dans l'assemblée. Moi XXVII demande encore leur attention :

« Eh bien, mes amis, je pense qu'on peut éviter de retomber dans les conflits raciaux juste en parachevant le processus enclenché avant que les animaux humanisés deviennent notre souci majeur. Si chacun de nous s'engageait à ne plus se marier avec quelqu'un de sa race mais avec celui d'une autre couleur de peau, on produira une race unique avant que le dernier de nos ennemis ne rende l'âme. Souvenez-vous que nous étions près du but et que la victoire finale pourra être acquise cette fois-ci. »

Les humains conservateurs se dispersent à leur tour, priant avec ferveur que la prophétie s'accomplisse vite pour ne pas finir dans la gueule de leurs redoutables rivaux. Mais dans ce monde où personne n'est plus du tout idiot, rien ne dit que les bestiaux se laisseront balayer de la terre comme de vulgaires feuilles fanées d'automne qui tombent toutes seules des arbres. Eux aussi poursuivent des recherches. Les objets personnels d'Ousty passent au peigne fin, peut-être qu'une bribe de formule se dégotterait dans sa vieille boîte à chaussures, de quoi stimuler le génie d'une race voulant échapper au sors des dinosaures qui la complétera pour aboutir à la *Végéta 17* : le sésame d'une longue vie et d'un bourgeonnent sans ménopause.

L'espoir est une réservation de place dans le futur. C'est juste un état virtuel dans lequel vivent les uns comme les autres. Mais en attendant tous vivent dans le vrai. A présent, dire que les autres n'y arriveront pas… *Wait and see.*

Kinshasa, le 2 juin 2014

Parole L.P. Mbengama

TABLE DES MATIÈRES